心理学创新研究丛书

大学生自闭特质的脑机制
及其影响因素研究

于亚旭 ◎ 著

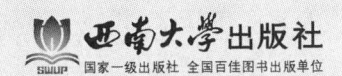

西南大学出版社
国家一级出版社 全国百佳图书出版单位

图书在版编目(CIP)数据

大学生自闭特质的脑机制及其影响因素研究 / 于亚旭著. -- 重庆：西南大学出版社，2024.3
ISBN 978-7-5697-2119-5

Ⅰ.①大… Ⅱ.①于… Ⅲ.①大学生－心理健康－研究 Ⅳ.①G444

中国国家版本馆CIP数据核字(2024)第000483号

大学生自闭特质的脑机制及其影响因素研究
DAXUESHENG ZIBI TEZHI DE NAOJIZHI JI QI YINGXIANG YINSU YANJIU

于亚旭　著

责任编辑	雷　兮　任志林
责任校对	郑先俐
封面设计	汤　立
排　　版	杨建华
出版发行	西南大学出版社(原西南师范大学出版社)
	邮编：400715　网址：www.xdcbs.com
	市场营销部电话：023-68868624
经　　销	新华书店
印　　刷	重庆市正前方彩色印刷有限公司
成品尺寸	170 mm×240 mm
印　　张	6.75
字　　数	101千字
版　　次	2024年3月第1版
印　　次	2024年3月第1次印刷
书　　号	ISBN 978-7-5697-2119-5
定　　价	48.00元

前言

自闭特质(Autistic Traits)反映的是个体在正常群体中表现出来的阈限以下,症状较轻的社会交往、交流能力,抑制控制能力损伤,其与自闭症谱系障碍(Autism Spectrum Disorder, ASD)的核心症状、社会性交流损伤、重复性刻板行为在严重程度上是连续性的关系。也就是说自闭特质广泛存在于ASD和正常人群中,其区别在于严重程度。自2013年起,DSM-5不再对自闭症进行分类,明确认同了自闭症谱系障碍的性质:人群分布呈现连续性,其诊断与划分从定性向定量转变,诊断标准的变化反映了自闭特质与临床典型自闭症的区别在于自闭症状的严重程度。越来越多的研究者发现自闭特质有着与ASD相类似的行为特征、人格特征以及认知特点,并且除基因遗传因素以外,后天环境因素如家庭环境、社会环境、自身的内在特点等都在不同程度上形成了自闭特质所特有的风险因素与保护因素。因此,探讨自闭特质的脑机制及其影响因素,对于深入了解自闭特质的认知神经机制及其为干预提升提供了重要的理论意义和实际指导。

近年来,随着核磁共振成像技术的快速发展,例如结构磁共振成像、静息态功能磁共振成像、任务态功能磁共振成像等，越来越多的研究者开始关注认知、行为与脑之间的关系。关于ASD个体的研究由于其在核磁扫描实验过程中配合度较低，其神经机制的研究也成了难点之一。因此，自闭特质个体由于症状较轻，且与ASD具有相似的认知特点、大脑结构与功能基础，能够为ASD的研究提供新的方向，具有一定的临床借鉴意义。此外，自闭特质个体的社会认知功能与执行控制功能一直被认为是与ASD共有的核心认知障碍。大学时期又是个体社会认知功能与执行控制功能发展的关键时期，然而其在涉及较多负性信息与进行反应抑制情境下的大脑活动模式表现仍不清楚。另外，已有的研究更多地关注环境对自闭特质的影响，然而环境是作为保护因素存在，还是风险因素存在，在以往的文献中并没有明确的探讨。因此，本文深入探讨自闭特质的大脑结构和功能基础，并揭示自闭特质个体在较复杂的社交信息与进行反应抑制情境下的大脑神经机制及其风险因素与保护因素。本研究的开展在一定程度上可以为自闭特质（或自闭症）个体的心理健康和身心康复提供具有针对性的干预与治疗。具体而言，本研究包括4项研究8个实验。

研究1考察大学生自闭特质个体的大脑结构与功能基础。实验1通过采集大样本数据（$n=401$，男性：111名，年龄分布：18—26岁）。使用自闭特质量表（Autism Spectrum Quotient，简称ASQ）对被试的自闭特质进行测量。采用结构磁共振成像来探讨大学生自闭特质个体的大脑结构差异。基于体素的大脑结构形态学（voxel-based morphometry，VBM）方法对自闭特质个体的大脑结构基础进行分析，VBM无需先验假设，即分析不是基于某一特定结构，而是对全脑范围内的解剖差异进行相对公平和全面的分析。这一点对于精神疾病的临床研究特别重要。研究1的结果发现，右侧额中回（middle frontal gyrus）、枕中回（middle occipital gyrus）的灰质体积呈显著增加趋势，左侧海马旁（parahippocampa gyrus）的灰质体积呈显著减少趋势。同时左侧额上回（superior frontal gyrus）、右侧中央前回（precentral gyrus）的灰质密度呈显著增加趋势；右侧顶上小叶(superior parietal lobule)的灰质密度呈显著减少趋势。实验1分析的结果表明,自闭特质个体得分越高,其额中回、枕中回、额上回、中央前回的灰质体积与灰质密度越大,可能与高级认知功能受损有关,例如社交功能、情绪识别以及抑制控制、工作记忆等。以往的研究表明,个体的大脑结构会随着个体的认知功能的成熟,渐渐摒弃多余的灰质以达到高效运作的目的,也就是所谓的"修剪"功能。但在自闭特质群体中,这种"修剪"功能在个体成年之后并没有体现,也就是说与正常人相比,自闭特质个体的大脑结构出现了特异性的发展。实验1还发现,自闭特质个体得分越高,其大脑结构中的左侧海马旁、顶上小叶等区域出现灰质减少的趋势,左侧海马旁与顶上小叶分别负责抑制控制、工作记忆以及注意转移等功能,这种大脑发展趋势出现在自闭特质人群中,在一定程度上说明,自闭特质具有与自闭症患者同样的认知缺陷,但其症状程度较轻。实验2利用大样本的静息态功能磁共振数据($n=401$,男性:111人,年龄分布:18—26岁)。使用自闭特质量表对被试的自闭特质进行测量。探讨大学生自闭特质的大脑功能连接的特征。基于静息态功能连接(resting-state functional connectivity,rs-fMRI)以实验1分析结果中的大脑结构区域,右侧额上回(superior frontal gyrus,SFG)、右侧顶上小叶(superior parietal lobe,SPL)、右侧顶下小叶(inferior parietal lobe,IPL)作为种子点,做种子点到全脑的功能连接分析。结果发现,自闭特质得分越高的个体,右侧SFG与左侧扣带中部(medial cingulate cortex,MCC)之间连接增强,与右侧顶上小叶(supeior parietal lobule,SPL)之间的连接减弱;右侧SPL与右侧眶额叶(orbitofrontal cortex,OFC)之间的连接减弱;右侧IPL与杏仁核(amygdala)之间的连接增强。由此研究可以看出,大学生自闭特质个体脑部特异性发展的区域主要集中在与社会认知和执行控制功能有关的脑区。这些大脑区域可能是对自闭特质产生影响的关键脑区,可以视为自闭特质的神经生物学标记。

研究2通过采集任务态核磁共振的数据,进行groupICA分析,将聚类出来的大脑网络作为种子点做seed-to-voxel的功能连接分析,结果发现言语网络与小脑蚓部的功能连接增强,与颞下回的功能连接减弱;凸显网络与缘上回之间的功能连接减弱;背侧注意网络与舌回之间的功能连接减弱,额顶网络与中央前回之间的功能连接增强。以上结果表明,自闭特质个体在执行反应抑制任务时,小脑、中央前回参与了自下而上的注意加工过程,额顶网络、缘上回、颞下回参与了自上而下的抑制控制过程,与执行功能密切相关。同样,这些脑区也出现在了ROI-ROI的分析中,这也从另一个侧面验证了这些脑区在自闭特质个体的执行功能中的重要作用。

研究3探讨影响大学生自闭特质的风险因素及其神经机制。实验5探讨神经质对大学生自闭特质的影响及其神经机制(n=365,男性:101人,年龄:18—26岁)。采用基于ROI的中介分析方法,结果发现,神经质得分与自闭特质的得分显著正相关。中介效应分析发现,额中回灰质密度在神经质得分与自闭特质得分之间起着部分中介的作用。实验5的结果表明,神经质得分越高的个体,自闭特质的得分也越高,其额中回的灰质密度发生了异常改变。额中回在个体情绪、灵活性与执行功能等认知功能中均起着重要的作用。额中回脑区的异常改变在一定程度上加重了个体的自闭特质症状。实验6探讨交流恐惧对大学生自闭特质的影响及其神经机制(n=359,男性:96人,年龄范围:18—26岁)。实验方法与实验5相同,结果发现,交流恐惧与自闭特质得分存在显著的正相关关系。中介分析发现,个体在交流人数处于中等水平即在以小组为单位的交流情况下,顶上小叶灰质密度在小组得分与自闭特质得分之间起着部分中介的作用,这一结果表明,自闭特质得分越高的个体,交流恐惧程度也越高,其顶上小叶灰质密度发生了异常改变,而这种改变在一定程度上增强了个体的自闭特质。以上两个实验说明,高神经质、高交流恐惧的个体是大学生自闭特质可能形成的风险因素,这些风险因素可能在个体大脑发育的过程中,有针对性地导致了额中回灰质体积、顶上小叶的灰质密度异常变化,增加了个体形成高自闭特质的风险。研究3的结果表明自闭特质的风险因素多与社交功能、情绪识别以及抑制控制、工作记忆等大脑功能有关,这些风险因素的存在可能通过影响个体的额中回与顶上小叶的大脑结构发育,最终影响个体的自闭特质的形成与发展,在一定程度上解释了自闭特质与这些风险因素的密切关系。

研究4探讨影响大学生自闭特质的保护因素及其神经机制。实验7探讨外倾性对大学生自闭特质的影响及其神经机制(n=365,男性:101人,年龄分布:18—26岁)。采用基于ROI的中介分析方法,结果发现,外倾性得分与自闭特质得分呈显著的负相关关系。中介分析发现顶上小叶灰质密度在外倾性得分与自闭特质得分之间起着部分中介的作用。这一结果表明,外倾性越高的个体,其顶上小叶灰质密度越大,即自闭特质得分越高的个体其外倾性得分越低,顶上小叶灰质密度越小。这一结果说明外倾性在一定程度上能够缓解大学生自闭特质个体的自闭症状。实验8探讨开放性对大学生自闭特质的影响及其神经机制(n=365,男性:101人,年龄分布:18—26岁)。采用基于ROI的中介分析方法,结果发现,外倾性得分与自闭特质得分之间呈显著的负相关关系。中介分析发现,顶上小叶灰质密度部分中介了开放性与自闭特质之间的关系,开放性得分与顶上小叶灰质体积呈显著的正相关关系,自闭特质得分与顶上小叶灰质密度呈显著的负相关关系。这一结果说明开放性在一定程度上能够缓解大学生自闭特质个体的自闭症状。研究4的结果在一定程度上说明外倾性与开放性可以视为自闭特质的保护因素之一,外倾性与开放性较高的个体,其拥有更加成熟稳定的大脑结构,即较大的顶上小叶灰质密度。顶上小叶在个体发展的过程中处于不断增长的趋势,并在青少年时期达到顶峰而后趋于稳定,顶上小叶灰质密度的减少说明自闭特质个体的抑制控制能力受到损伤。锻炼与培养个体的热情、社交、果敢、乐观等积极品质,在一定程度上能够使大脑随着行为干预的改变而改变,从而达到保护的作用。

综上所述,首先,本研究发现自闭特质的大脑结构与功能基础主要集中在额中回灰质体积、顶上小叶灰质密度、额上回-扣带中部、额上回-顶上小叶、顶上小叶-眶额叶、顶下小叶-杏仁核之间的功能连接。这些脑区以及脑区之间的功能连接主要与社会认知和执行控制相关的脑区。高自闭特质的个体其表现出额中回灰质体积异常增加，顶上小叶灰质密度异常减少，以及功能连接异常变化的趋势，可能正是自闭特质认知功能异常的关键的神经基础。具体而言，首先，额中回可能与社会认知加工以及社会信息推理能力有关，顶上小叶可能与认知控制和细节注意能力有关。其次，自闭特质影响个体的大脑结构正常的发展与变化，进而也影响个体的情绪识别能力以及反应抑制能力，前者是社会认知功能的核心能力之一，后者是认知控制功能的核心能力之一。另外，对自闭特质风险因素与保护因素的探讨，可以在一定程度上探明，神经质、交流恐惧是需要引起重视的危险因素，外倾性、开放性人格特质是可以起到保护作用的。总而言之，本研究从认知神经科学的角度，探讨了大学生自闭特质个体的社会认知能力与非社会认知能力的神经基础的异常发展变化。研究结果可以帮助个体了解自闭特质的核心大脑神经基础，了解自闭特质个体在情绪识别与反应抑制过程中的异常表现，并且进一步表明个体的人格特质与社会交往能力对自闭特质有显著的影响。本研究也可以为自闭特质个体的心理健康和认知功能的恢复提供建设性的指导和建议。同时，对于综合人格、环境等因素对自闭特质进行个性化的诊断与治疗、干预与训练有一定的启示作用。

  本书第一章至第七章均由于亚旭执笔，书稿完成后，王小琴老师、李彧博士后帮助校对了书稿。西南大学出版社责任编辑任志林老师为本书的出版付出了辛勤劳动，在此一并向他们表示衷心的感谢。感谢内蒙古高校人文社科重点研究基地心理健康教育研究与服务基地对本书出版的支持。最后要感谢内蒙古自然科学基金项目、内蒙古师范大学高层次人才引进启动基金项目（项目号：2022MS03016；2021YJRC010）对本书撰写和出版的资助。

目录 | CONTENTS

前言 / I

第1章 研究背景与理论基础 / 01

1.1 自闭特质的研究背景 / 01
  1.1.1 自闭症谱系障碍及自闭特质的概念 / 01
  1.1.2 自闭特质的国内外现状 / 02
  1.1.3 自闭特质的测量工具 / 02

1.2 自闭特质的脑机制研究 / 04
  1.2.1 自闭特质的脑电研究 / 04
  1.2.2 自闭特质的功能磁共振成像研究 / 06
  1.2.3 自闭特质与认知功能的关系 / 08

1.3 自闭特质的影响因素 / 10
  1.3.1 自闭特质的风险因素 / 11
  1.3.2 自闭特质的保护因素 / 12

第2章 研究目的与意义 / 15

2.1 问题提出与研究方案 / 15
  2.1.1 问题提出 / 15
  2.1.2 研究方案 / 17

2.2 研究意义与创新之处 / 19
  2.2.1 研究意义 / 19
  2.2.2 创新之处 / 19

第3章 大学生自闭特质的大脑结构与功能基础 / 21

3.1 实验1 大学生自闭特质的大脑结构基础——基于大脑灰质体积与灰质密度的研究 / 24

    3.1.1 实验目的 / 24

    3.1.2 实验方法 / 24

    3.1.3 实验结果 / 26

3.2 实验2 大学生自闭特质的大脑功能基础——基于静息态功能磁共振研究 / 28

    3.2.1 实验目的 / 28

    3.2.2 实验方法 / 29

    3.2.3 实验结果 / 30

3.3 讨论 / 31

    3.3.1 大学生自闭特质个体的大脑结构基础的讨论 / 31

    3.3.2 大学生自闭特质个体的大脑功能基础的讨论 / 33

第4章 大学生自闭特质的大脑功能机制——基于任务态fMRI的研究 / 37

4.1 实验3 大学生自闭特质个体负性情绪加工的神经基础——基于情绪调节任务态的研究 / 40

    4.1.1 实验目的 / 40

    4.1.2 实验材料评定 / 40

    4.1.3 实验方法 / 41

    4.1.4 实验结果 / 44

4.2 实验4 大学生自闭特质个体抑制控制能力的神经基础——基于停止信号任务态的研究 / 48

    4.2.1 实验目的 / 48

    4.2.2 实验方法 / 48

    4.2.3 实验结果 / 51

4.3 讨论 / 54
 4.3.1 大学生自闭特质负性情绪加工过程的神经基础的讨论 / 54
 4.3.2 大学生自闭特质个体反应抑制能力的神经基础的讨论 / 55

第5章　大学生自闭特质的风险因素及其神经机制 / 59

5.1 实验5 神经质对大学生自闭特质的影响及其神经机制 / 61
 5.1.1 实验目的 / 61
 5.1.2 实验方法 / 61
 5.1.3 实验结果 / 62

5.2 实验6 交流恐惧对大学生自闭特质的影响及其神经机制 / 64
 5.2.1 实验目的 / 64
 5.2.2 实验方法 / 64
 5.2.3 实验结果 / 65

5.3 讨论 / 66
 5.3.1 神经质对大学生自闭特质的影响及其神经机制讨论 / 66
 5.3.2 交流恐惧对大学生自闭特质的影响及其神经机制讨论 / 67

第6章　大学生自闭特质的保护因素及其神经机制 / 69

6.1 实验7 外倾性对大学生自闭特质的影响及其神经机制 / 70
 6.1.1 实验目的 / 70
 6.1.2 实验方法 / 70
 6.1.3 实验结果 / 71

6.2 实验8 开放性对大学生自闭特质的影响及其神经机制 / 72
 6.2.1 实验目的 / 72
 6.2.2 实验方法 / 72
 6.2.3 实验结果 / 73

6.3 讨论 / 74
    6.3.1 外倾性对大学生自闭特质的影响及其神经机制的讨论 / 74
    6.3.2 开放性对大学生自闭特质的影响及其神经机制的讨论 / 75

第7章 总讨论与总结论 / 77

7.1 总讨论 / 78
    7.1.1 大学生自闭特质的大脑结构与功能基础 / 78
    7.1.2 大学生自闭特质的负性情绪加工与反应抑制能力的脑机制 / 80
    7.1.3 大学生自闭特质的风险因素及其神经机制 / 82
    7.1.4 大学生自闭特质的保护因素及其神经机制 / 83

7.2 研究不足与未来展望 / 85

7.3 研究结论 / 86

参考文献 / 87

第1章
研究背景与理论基础

1.1 自闭特质的研究背景

1.1.1 自闭症谱系障碍及自闭特质的概念

自闭症谱系障碍（Autism Spectrum Disorder, ASD）是一种带有遗传性质的、伴随着不同水平社交障碍与沟通缺陷的重复性刻板行为和活动的广泛性发育障碍。

自闭特质（Autistic traits）是指个体的社交障碍与重复性刻板行为的症状较轻，达不到临床诊断标准，处于阈下自闭的水平。从2013年开始，精神疾病诊断与统计手册（DSM-5）不再对自闭症进行分类，将阈下自闭与阈上自闭统称为自闭症谱系障碍（Association, 2013）。现有的研究认为ASD代表了一定数量的极端值，而更多携带ASD特征的个体广泛分布在普通人群中。

1.1.2 自闭特质的国内外现状

由于自闭症谱系障碍的遗传性、发病期早以及终身患病的特点,到目前为止并没有有效的治疗方法,随着诊断标准的放宽,诊断率也在不断上升。自闭症谱系障碍的诊断与治疗形成了巨大的社会关注度,也就演变成了一个重大的公共卫生问题。在西方国家,以美国为例,每年用于自闭症谱系障碍等精神疾病的支出约200亿美元;而在中国,精神疾病发病率呈现上升趋势,并且有着高致残率、高复发率、高自杀率的特征。根据中华人民共和国国家卫生健康委员会疾病预防控制局公布的数据,截至2017年年底,全国13.90亿人口中精神障碍患者达2亿4326万4千人,总患病率高达17.5%;严重精神障碍患者超1600万人,发病率超过1%。相应地,ASD的确诊人数逐年上升,ASD的占比由20世纪六七十年代的0.5%上升到现在的4.6%—5.1%。其原因可能是随着诊疗手段的不断丰富,人们对自闭症的觉察意识不断提升,以及经济水平的提高等都在一定程度上导致了ASD的确诊人数在不断上升(Wang et al., 2018)。除了不断增加的人数之外,ASD存在于社会的各个阶层、各个民族之间,并且表现出明显的性别差异,这种性别差异在无智力低下的条件下最为明显。而在重度智力低下的条件下,男女之间的性别差异接近。虽然ASD女性患病率明显少于男性,但女性的病情往往较为严重。同时,有研究发现ASD在双生子中的发病率要高于其他群体,这也在一定程度上说明遗传在ASD中的重要影响。

1.1.3 自闭特质的测量工具

自闭特质个体在社交障碍方面的缺陷是自闭特质的核心症状。目前用于测查正常人群体中自闭特质的量表主要有以下四种。

第一个量表是范自闭表型量表(The Broad Autism Phenotype Questionnaire, BAPQ),该量表由冷漠个性(aloof personality)、言语障碍(pragmatic language)和刻板个性(rigid personality)三个维度,共36道题组成,每个维度12道题。该

量表的计分方式为计算每个维度以及总维度的平均分以及最佳估计分。该量表用于16岁以上智力正常者，且学历需为高中以上，这对于广泛测量一般人群存在一定的局限。

第二个量表是范自闭症症状量表(The Broader Phenotype Symptom Scale, BPSS)，该量表由7项结构化访谈和6项与父母交流或对被观察者的直接观察组成。后者中的每一项均包含若干个题目，这些项目被划分成社交动机(social motivation)、社交表现力(social expressiveness)、对话技巧(conversational skills)和兴趣灵活性(flexibility/range of interests)4个维度，量表得分越高说明被观察者的症状越严重。该量表需要测量者是经过培训的临床医师，普适性较差，不利于推广。

第三个量表是社交反应量表(The Social Responsiveness Scale, SRS)，该量表由社会意识(social awareness)、社会认知(social cognition)、社交沟通(communication)、社会动机(social motivation)和自闭症行为(autism Mannerisms)五个维度组成，共65道题。评分越高表明被测量者存在较高程度的社交障碍。SRS的得分是一个连续变量分布在一般人群中，从0分即高度社交能力到195分即严重社交障碍。该量表虽然能够对一般人群进行测量，但该量表主要用于筛查出典型症状与重型病例，意将存在非正常行为的病例排除在外。

第四个量表是自闭特质问卷(The Autism Spectrum Quotient, AQ)，该量表是由社交技巧(social skill)、注意转换(attention switching)、细节注意(attention to detail)、言语交流(communication)和想象力(imagination)五个维度，共50道题组成。每个分量表均有10道题，采用二元计分，临界值为32分，高于32分的被试存在较高的自闭症风险。与以上三个问卷相比，AQ问卷涵盖了各个年龄段，从儿童到成年人，均有对应的问卷可以用于测评。AQ问卷的编制依据是将ASD看作一组症状程度由轻到重的疾病。不仅如此，AQ问卷还被广泛用于临床和其他精神疾病的测查，在各个研究领域中的信效度良好。并且其分维度能够用简洁的方式来衡量社会性与非社会性行为，其自我报告的方式也优于其他量表。AQ问卷的测查结果同样存在性别差异,在总分及大部分子维度上男性得分均高于女性(Lau et al., 2013)。

1.2 自闭特质的脑机制研究

随着脑科学技术的不断进步,越来越多的新技术,例如早期的脑电图(electroencephalogram, EEG)、事件相关电位技术(event-related potential, ERP),到后来的磁共振成像技术等(magnetic resonance imaging, MRI)均可以用来研究个体的心理活动与认知过程。EEG节律主要由大脑皮质上大量神经组织的突出后电位同步总和形成,即来自突出后电位-胞体和树突的电位变化。ERP是某一反应诱发的兴奋性突触后电位和抑制性突触后电位的总和,ERP具有较高的时间分辨率。MRI技术还包括功能磁共振成像(functioanl magnetic resonance imaging, fMRI)、静息态功能磁共振成像技术(resting-state functional magnetic resonance imaging, rs-fMRI)和任务态功能磁共振成像技术(task-based functional magnetic resonance imaging)等。其中基于体素的形态学(voxel-based morphometry, VBM)分析是最基础、最常用的分析方法,fMRI中最常用的是基于血氧依赖水平(blood oxygen level dependent, BOLD),在特定的任务条件下,大脑相关脑区的耗氧量增加,从而引起对应区域的血流量增加。这种脑区信号强度的变化可以通过图像的方式反映出来,同时fMRI具有非常高的空间分辨率特点(Bijsterbosch, Smith, & Beckmann, 2017)。这些脑成像技术被应用于ASD以及自闭特质的研究中,通过这些研究对ASD及自闭特质做出全面、客观的分析。

1.2.1 自闭特质的脑电研究

脑科学研究中最主要的技术手段是脑成像技术,在磁共振技术发展的初期,很多的研究者使用时间精度更高的脑电技术来研究自闭特质的脑机制。以往的研究采用自发脑活动的研究结果发现,静息状态下儿童EEG信号的非正常变化可能是ASD个体认知功能受损的生物学标记。另有研究指出,在幼儿三个月的时候对其进行EEG检测,能够很好地预测幼儿在之后的发展过程中是否会形成临床自闭症状(Bosl, Tager-Flusberg, & Nelson, 2018)。同时在新的DSM-5的分类标准中,阿斯伯格综合症(Asperger's Syndrome, ASP)被归类为ASD中的一种,重合率达到92.3%。ASP的主要症状是社交障碍、重复性刻板行为和交流损伤,这些症状在ASD的群体中也有较高体现。在关于高功能自闭特质(high functioning autistic spectrum disorders)的研究中发现,与对照组相比,ASD组在快速眼动睡眠的过程中,初级视觉皮层的beta值表现出明显的降低趋势,ASD患者在夜间清醒时,左侧额极区(Fp1)的绝对波幅(4.0—7.75 Hz)明显升高。这也在一定程度上支持了ASD视觉功能异常的假说,表明非典型的丘脑皮层区域的神经机制是ASD个体特有的神经信息处理系统。在另一项关于ASD的EEG研究中发现,ASD组与对照组相比,在半球内以及半球间均存在显著性差异,脑区主要集中在大脑后部的额叶区域,并且存在功能失调。

在ERP的研究中我们发现,ASD儿童在幼儿时期就已经存在视觉信息处理的非正常发展,并且这种缺陷会一直持续到成年时期(Benning et al., 2016)。有ERP研究指出,ASD个体在观看情绪图片时,相对于控制组,其注视点在应该回避的时候表现出更多的直视反应,而在应该直视的刺激中表现出更多的回避反应。这说明,ASD个体在发展的过程中,并没有很好地完成整合情绪刺激与注视点之间的关系,其情绪识别的神经基础并没有得到很好的发展与完善。有研究指出在涉及社会信息尤其是涉及情绪信息时,ASD的神经缺陷可能并不是某一特定的脑区,而是弥散性的功能与网络异常,特定的脑区异常可能在涉及特定的任务条件时才会出现。谈到ASD就不能忽略性别差异,大量的研究表明,ASD的性别差异普遍存在于各个年龄阶段,男性在数量上普遍高于女性,同时也有研究指出,虽然男性群体多于女性,但女性的严重程度要高于男性(Harrop, Jones, Zheng, Nowell, Boyd, & Sasson, 2018)。

这些研究表明,大脑特定脑区的功能以及功能连接的失调是导致自闭症状加重的主要原因之一。无论是EEG或者ERP研究,ASD个体均存在视觉信息处理方面的缺陷,尤其是涉及情绪、危险等社会信息较多的情境时,所对应的神经机制存在明显的缺陷。

1.2.2 自闭特质的功能磁共振成像研究

随着脑成像技术的不断发展,磁共振技术渐渐普及起来,早期的磁共振研究更多地关注ASD个体在任务状态下的大脑活动模式,以期找到底层的神经机制。一项ASD的分类研究发现,通过带有社会信息的表情实验任务,ASD被试与控制组均能够很好地进行区分,准确度达到69%—92.3%(Chanel, Pichon, Conty, Berthoz, Chevallier, & Grèzes, 2016)。也有研究使用预测模型来预测ASD的确诊结果和严重程度,通过磁共振扫描发现,不同的量表分数表现出不同的预测效果,相比静息状态,任务状态的预测效果要更好(Zhuang, Dvornek, Li, Ventola, & Duncan, 2018)。除了预测研究之外,在一项关于探究ASD视觉、听觉处理系统,跨年龄段的研究中发现,ASD组在进行视觉实验任务时,视觉皮层处于过激活的状态,这一异常活动与个体的自闭症状密切相关,也就是说非典型性的视听调节系统与社会交往缺陷呈显著的正相关关系(Jao Keehn et al., 2017)。因此就有研究指出,任务状态下的这种视听系统过度反应现象是和特定的脑区有关的,经研究发现,丘脑皮层连通性的降低在ASD个体对声音过度反应的过程中起着重要的作用,这也反映了抑制控制功能在感觉刺激条件下处于去激活的状态(Green, Hernandez, Bookheimer, & Dapretto, 2017)。在经典的实验范式情绪识别任务中,ASD个体的梭状回和杏仁核脑区的激活强度与ASD患者眼睛注视的时间呈显著正相关关系,这表明注视的减少可能是自闭症患者梭状回对面孔的低激活的原因(Fink et al., 2014),这种情况同样发生在儿童身上。并且多模态研究发现在任务状态下皮质醇-扣带神经环路,可能是造成ASD个体注意与社交障碍的主要原因

（Balsters, Mantini, Apps, Eickhoff, & Wenderoth, 2016）。在其他关于言语障碍与刻板性行为的任务态研究中也发现，在解读潜在反讽言论背后的交际意图，尤其利用现有的语境信息的情况下，ASD被试的正确率显著下降。以上研究表明，在核磁任务状态下，ASD个体存在明显的视觉信息整合缺陷，尤其是当刺激中包含较多社会信息时，ASD个体较正常发展个体在理解力与正确率等方面均处于劣势地位。

随着磁共振研究的不断深入、研究方法的不断进步，研究者们发现，静息状态下的脑成像不完全是噪声，其能够揭示神经性疾病的生物学标记。有研究发现，相对于控制组，ASD组随着年龄的变化，扣带中部-前额叶之间的连接增强，而在控制组中两者之间的连接减弱（Balsters et al., 2016）。另外一项静息态功能连接研究发现，相对于对照组，ASD组的初级感觉皮层与皮层下脑网络（丘脑，基底神经节）之间的连接增强，这两者之间的功能连接与ASD个体的自闭特质程度呈显著正相关关系。在脑网络的功能连接研究中，ASD组言语脑网络，从网络内的角度进行分析发现，ASD组与对照组均表现出高连接，而在网络间的分析中，ASD组在言语脑网络中的某些脑区表现出异常发展的功能连接趋势（Y. Gao et al., 2019）。在另一篇关于脑网络的研究中发现，在ASD组，默认网络的前后子网络之间的功能连接降低，尤其是以内侧前额叶皮层和后脑部皮层为中心，表现出弱耦合的趋势。另外也有研究者利用低频振幅算法（amplitude of low frequency fluctuation, ALFF）计算BOLD信号在不同频段上的变化，从slow-3、slow-4、slow-5三个频段分析发现，ASD组中网络内与网络间的大尺度功能连接均存在连接较差的情况，尤其是默认网络内的连接以及默认网络与视觉网络之间，腹侧注意网络与背侧注意网络之间，在slow-4和slow-5频段上功能连接呈减弱的趋势（Duan et al., 2017）。同时还有围绕特定脑区为中心的研究，比如"社会脑理论"、自闭症杏仁核理论，以及以认知功能为中心的心理理论等，这些脑区以及认知功能的异常均与自闭特质个体的症状以及严重程度密切相关。以上研究表明，静息态与任务态分别从不同的方面阐述了自闭特质个体的脑机制以及潜在的神经基础,是一种相辅相成的关系。

1.2.3 自闭特质与认知功能的关系

自闭特质个体的认知功能障碍主要包括社会认知与非社会认知两个方面。在社会认知能力方面,社交技能是社会认知功能的核心成分之一,自闭特质个体的核心障碍为社会交往障碍。在非社会认知能力方面,包括执行控制能力、抑制控制能力、工作记忆在内的多种能力中,反应抑制能力对自闭特质个体的重复性刻板行为造成直接影响。对自闭特质个体的认知功能的不同方面进行全面探讨可以更好地揭示自闭特质个体认知功能的神经机制以及具体哪些因素影响了这一群体的认知功能。

1.2.3.1 自闭特质与社会认知功能的关系

社会交往障碍是自闭特质的核心症状之一。大量的研究表明,自闭特质个体虽然智力正常或超常,仍然存在难以理解他人的想法或情绪,无法预测他人意图或解释行为结果的能力。并且研究也发现社会交往障碍是该群体所共有的核心认知缺陷之一。对他人想法和情绪的理解缺失严重损害了ASD个体的社会交往能力。

为了探讨自闭特质社会交往能力的神经机制,有研究使用经典的实验范式情绪识别任务(face processing task)进行大脑功能的探讨,结果发现,ASD个体在识别情绪图片时,杏仁核相对于对照组表现出高度激活,并且右侧杏仁核与腹内侧前额叶之间存在显著的正向连接关系(Monk, 2010)。自闭特质个体在对中性面孔与情绪面孔进行判断时,与对照组相比花费了更多的时间,且正确率也稍低于对照组。在脑激活的分析中发现,ASD组楔前叶与枕叶与对照组相比激活明显减弱,楔前叶与枕叶均是视觉网络中的重要脑区,这两个脑区的弱激活验证了ASD个体视觉注视可能存在的缺陷。

对面孔或人物等社会刺激的注意倾向是个体社交注意(social attention)的重要表现,虽然这种注意偏向异常并非ASD个体特有的诊断特征,但越来越多的研究者将其纳入ASD的核心症状之一。大量研究表明,ASD个体并不能很好地将面孔作为重要物体与其他物品进行区分,并且还会回避对于面孔的注意,他们将更多的注意力集中于非面孔物体上。面孔是社会信息的重要承载体,ASD个体对社交场景中人物和面孔的注意较少,也就是缺少社交注意,可能是影响ASD个体社交技能健康发展的重要原因之一(Baron-Cohen, Wheelwright, Hill, Raste, & Plumb, 2001)。造成这种注意偏向的原因,一种说法认为,ASD个体的中央统合能力较弱,是以局部加工占优势,整体加工处于劣势的加工方式。另一种观点的研究则认为ASD个体进行面孔加工时,其搜索时间与注视时间与对照组相比并没有显著差异,因此认为ASD个体的面孔加工能力没有问题,尤其是在图片为熟悉面孔的情况下。

以上关于社会交往能力研究结果不一致的原因可能是每个研究之间的被试存在差异,不同年龄段的被试其采取注意的方式随着年龄的增长是不断变化的。除了被试群体的差异,另外可能造成研究结果不同甚至相反的原因可能是实验中所采用的刺激条件的不同,理想实验环境条件下的刺激条件会忽略很多随机性及其所能包含的更多的社会信息,而无结构或包含更多自然的、自发的社会信息的刺激可能更加能够解释ASD个体在社会交往过程中存在的问题。另外,同样的研究范式不同的指导语也会使实验结果发生变化。

1.2.3.2 自闭特质与非社会认知功能的关系

自闭特质与自闭症谱系障碍一样,同样存在认知控制能力上的不足。认知控制是指在目标为导向的行为发生过程中,个体关注任务相关信息的程度以及屏蔽无关任务信息的抑制能力,这是进行高级认知活动所必需的能力之一。认知控制一般分为冲突抑制与反应抑制,冲突抑制一般认为基于的是认知层面,是个体抑制与目标无关刺激的干扰并关注目标信息的能力。而反应抑制更多的是关注行为层面,是指个体在进行抑制任务的过程中,抑制不恰当的优势反应或不符合任务要求的反应倾向。自闭症谱系障碍的典型特点之一是重复性的刻板行为,反应抑制能力在很多研究中被认为是造成自闭症谱系障碍的直接原因之一。自闭特质是症状较自闭症谱系障碍较轻的个体，其认知控制能力中的反应抑制能力的神经机制值得我们深入研究，以期找到认知控制能力异常的靶点，为临床自闭症谱系障碍的干预与治疗提供建设性建议。

考察反应抑制能力最常用的实验范式为停止信号任务（stop-signal task）。该任务要求被试在实验中准确、快速地针对go信号做出反应，或者针对stop信号抑制即将做出的反应冲动，通过测试被试对于stop信号的反应时和抑制率来评定被试抑制能力水平的高低。被试能否成功抑制无关信息的干扰取决于反应选择和反应抑制哪一个条件先到达反应阈限。

在自闭特质个体的认知控制异常的神经机制研究中发现，与认知控制有关的脑区包括扣带、额叶皮层、颞叶皮层、顶叶皮层（Chmielewski & Beste, 2015）以及胼胝体（Giuliano, Saviozzi, Brambilla, Muratori, Retico, & Calderoni, 2018）等，其与正常发展的个体存在显著差异。对功能连接的分析也发现，自闭特质个体存在着认知控制功能方面的不足。在任务状态下，除了特定的脑区激活较弱，其脑网络也出现了连接异常的情况，包括网络内与网络间的连接异常。在一项使用抑制优势反应实验范式的研究中发现，自闭特质个体的额顶网络与枕叶之间出现去激活的情况，并且额顶网络内的连接亦出现功能连接异常。总的来说，自闭特质个体的认知功能障碍的大脑神经机制主要集中在额叶、颞叶以及顶叶等区域。这些区域与社会性刺激的抑制过程密切相关，并且伴随着行为异常。

1.3 自闭特质的影响因素

自闭特质被众多研究者认为是遗传与环境交互作用的结果（Kogan et al., 2009; Tchaconas & Adesman, 2013）。尤其是大学时期，正是社会化的关键时期，在这一阶段对其影响因素进行详细的探讨，在一定程度上可以帮助其更加顺利地进行良好的社交互动以及进行社会工作与生活。

1.3.1 自闭特质的风险因素

人格特征是影响心理健康水平的重要因素。神经质人格特质(neuroticism)是由焦虑(anxiety)、愤怒(angry)、抑郁(depression)、自我意识(self-consciousness)、冲动性(impulsiveness)和脆弱性(vulnerability)六个维度组成的一种复杂的人格特质,反映的是个体情绪的稳定性程度。一般来说,高神经质个体更容易体验到焦虑、抑郁等负性情绪反应,并且不容易平复情绪。个体在日常生活中也容易对发生的事件做出负面的评价,这种负面评价倾向不利于大学生社会交往能力的发展(Muris, Meesters, & van Asseldonk, 2018)。大量的研究表明,自闭特质与人格特质息息相关,自闭特质与神经质存在显著的正相关关系。也有元分析发现大五人格中的各个量表与自闭特质均呈显著负相关关系(Lodi-Smith, Rodgers, Cunningham, Lopata, & Thomeer, 2018)。这些研究表明,当个体的神经质人格特质得分较高时,生活中的负性情绪体验水平也较高,这和自闭特质的症状存在某些重合的部分,即高自闭特质个体更倾向于是高神经质的人格特质(Robinson, Hull, & Petrides, 2020)。

社会交往缺陷是自闭特质个体的核心症状之一,突出表现为缺少主动的社交互动,回避社交互动以及社交互动给其带来的压力。其在日常生活中表现为交流恐惧,并且这种交流恐惧所带来的影响会从幼儿时期一直持续到成年时期(Sato et al., 2017)。能够与他人建立良好的沟通关系,并且与他人保持这种交流关系,是顺利进入社会生活的关键。但自闭特质个体会表现出回避交流的倾向,并且对于理解与表达方面也存在一定的问题,包括控制自己的情绪以及倾听等(Locke, Kasari, & Wood, 2014)。当个体在日常生活中表现出回避交流、拒绝交流、害怕交流的倾向时应该引起足够的重视,以避免自闭特质个体的自闭症状加重。长时间的交流恐惧会引起认知偏差,当自闭特质个体在与他人交流或者面对听众进行思考性发言时,会导致个体呈现出以紧张、焦虑为基本特征的情绪反应,这些情绪反应同样也是自闭特质初期形成时候的典型症状。而消极的情绪反应使人容易产生攻击行为,例如,高自闭特质个体在遭遇社会交往挫折时,会长时间反复地回想为什么会有这种感觉,这种糟糕的感觉是由于什么造成的。而当自闭特质个体这种负性情绪伴随着愤怒情绪以及报复性想法时,会加剧个体自我封闭的程度,也会增加自闭特质个体的攻击行为。

1.3.2 自闭特质的保护因素

有研究指出,外向性与开放性较高的个体,其更容易使用积极的情绪策略去面对生活中的负性事件,并且更容易感受到幸福感。高自闭特质个体在经历负性情绪时,拒绝与人交流,并且害怕交流。外倾性与开放性人格特质较高的个体,在生活中表现得更为自信,生活满意度也更高,其自尊心也更强。在生活中与个人或团体的交流过程中,高外倾性与开放性的个体更愿意主动地介绍自己,在组织中起着领导作用。并且当与他人意见相左时,更愿意保持冷静去倾听别人的意见(Suldo, Minch, & Hearon, 2015)。培养自闭特质个体的这两种人格特质并进行科学合理的引导与培养,有利于对高自闭特质个体起到保护的作用。

情绪智力是指自己能够理解他人的情绪的能力,并将这种能力应用于认知促进的过程,能够知觉情感信息,调控自己和他人之间的情绪的能力。情绪智力不仅在建构与决策的过程中起着重要的作用,还可以更好与他人进行社会交往。自闭特质个体的核心缺陷之一为社会交往障碍,具体表现为不能理解他人的情绪,回避交流,害怕交流以及不能够很好地对情绪进行调节。很多研究均发现自闭特质与情绪智力、生活满意度、情绪性和社会性等均呈负相关关系。随着科技的不断发展进步,交互式可穿戴设备能够对自闭特质个体进行训练,也能在一定程度上提升个体的情绪智力,自闭特质个体情绪智力的提升有助于形成良好的社交互动习惯,减轻其社会交往障碍,更好地融入社会生活之中。

随着经济的发展,家庭经济地位这一变量被认为可以用来预测个体及受益者的健康程度、社交能力以及死亡率等,同时也被认为可以用来预测一些精神疾病所造成的认知障碍,比如自闭症谱系障碍、精神分裂症等。研究发现,随着家庭经济地位的提高,该家庭可以支付自闭特质个体的诊疗费用,尝试多种干预措施,以及拥有更优越的生活环境;反之,家庭经济地位较低的家庭由于不能获得良好的物质资源以及教育环境,因此在个体发展的过程中容易出现认知偏差,严重者则患上精神疾病,影响其身心健康。

父母教育水平在自闭症家庭中起着重要的作用,从20世纪80年代开始,父母参与教育受到越来越广泛的重视,不管从理论还是实践方面,家长参与的教育模式均具有重要的实践和研究价值(Bearss et al., 2015)。这也在一定程度上表明,父母教育程度的高低在ASD的康复与治疗中也变成了一个不可或缺的变量(Garbacz, Herman, Thompson, & Reinke, 2017)。相对来说父母的教育程度在一定程度上决定了ASD个体的症状严重程度,并且有研究指出其决定了ASD个体的智力水平。父母适当地提高自己的受教育水平,增加自身知识的广度与深度,尤其是参与ASD相关知识的培训,对ASD个体来说是有益的,可以在很大程度上减少ASD个体的异常行为与情绪问题(Bearss et al., 2015)。而父母受教育水平较低的ASD家庭,父母对其的忽视以及不重视,在一定程度上加重了其自闭症状(Nevill, Lecavalier, & Stratis, 2018)。总的来说,父母教育程度对于ASD个体来说可能是一种保护因素。

父母教养方式主要分为两个维度,一个是关爱,即在生活中给予子女足够的温暖与爱,且能够对孩子的行为给予反馈和肯定;另一个维度是控制,即在生活中树立了过多的规则,约束孩子的行为且对于孩子的错误反应严厉。有研究发现,当父母以积极的方式对子女进行教育时,儿童的认知能力要高于同龄人,并且积极的教养方式可以减少儿童的不良行为、攻击性以及情绪问题。也有研究发现,幼儿时期没有得到良好的父母家庭教养的ASD个体,其情绪调节能力、抑制控制能力与正常个体相比均有所下降(S.-Y. Park, Doh, Kim, & Song, 2014)。这也说明,自闭特质个体存在对于父母良好的教养方式的需求。只有温暖的家庭环境才能在个体进行社会化的过程中起到良好的引导作用。尽量避免消极的教养方式,在生活中给予充分的支持,才能避免形成不可逆的认知缺陷(Song & Fan, 2013)。而教养方式是可以循序渐进进行改变的,让ASD个体感受到温暖的家庭氛围,试着改变交往方式,有利于ASD个体症状的减轻,有利于其融入社会生活之中。

社会支持是一个比较广泛的概念,从支持来源上来说,社会支持可以分为两大类,来自家庭的支持以及来自家庭之外的支持。随着生活节奏的不断加快,生活的压力越来越大,人们之间的支持变少,反而更亟需来自家庭和社会的支持。个体对于社会支持的需求是随着年龄和交际面的不断扩大而增加的,良好的社会支持在大学时期非常重要。随着年龄的增长,个体所需要的成长空间越来越大,家庭内部的支持并不足以满足他的社会化需求。那么来自家庭外部的社会支持就显得尤为重要。有研究指出,良好的内外部支持可以有效地缓冲心理问题的发生和发展,其作用机制是当个体在社会交往的过程中遇到阻力、挫折以及不公平待遇时,社会支持可以及时有效地对产生的负面情绪起到一个缓冲的作用,换言之也就是很好的保护作用。

通过对自闭特质个体的危险因素与保护因素进行综合分析,我们发现,在大学生自闭特质个体的核心症状——社会交往障碍以及执行控制方面,存在着亟须引起注意的风险因素,例如神经质人格特质与交流恐惧。同时我们注意到在一定程度上起预防作用的保护因素,例如外倾性、开放性人格特质等(Tchaconas & Adesman, 2013)。这些影响因素有指向自闭特质个体自身的内在因素,更有外部环境因素。对其影响因素进行研究并探明其风险因素与保护因素对大学生自闭特质的正确引导以及积极治疗均有重要的意义。

第 2 章
研究目的与意义

2.1 问题提出与研究方案

2.1.1 问题提出

随着 ASD 的发病率逐年升高，自闭特质个体在正常人中的分布也越来越广泛。已有关于自闭特质的研究主要集中在临床确诊的 ASD 病人身上，对于正常人群中自闭特质的研究相对较少且没有系统全面的阐释。ASD 的主要核心表现为社会交往障碍以及执行控制功能障碍，例如情绪识别能力和反应抑制能力。首先，大学时期是社会认知能力和执行控制能力发展的关键时期。在这一时期，大学生的社会交往能力与抑制控制能力均处于由不稳定趋向于稳定的过渡阶段，对这一时期的大学生自闭特质进行研究，可以进一步阐明自闭特质个体社会认知功能与执行控制功能方面的理论解释，也可以利用核磁共振技术对大学生自闭特质的认知功能受损的神经机制进行研究，为大学生自闭特质个体认知能力的评估与干预、训练与康复提供理论基础和实践指导。其次，ASD 个体社会交往障碍以及较差的反应抑制能力涉及复杂且广泛的脑区，深入探明这些脑区对自闭特质个体的影响及其作用机制具有重要的意义和价值。另外，已有的研究更多地关注环境对自闭特质的影响，然而其环境是作为保护因素存在还是风险因素存在，在以往的文献中并没有明确的探讨。

因此本文从自闭特质的两个典型症状，社会交往障碍和较差的反应抑制能力的角度出发，来探究大学生自闭特质的神经机制及其影响因素。首先，在社会认知功能方面，自闭特质个体的核心症状之一为社会交往障碍。个体从出生开始就对情绪面孔存在特别的目光追随，然而大量研究发现，ASD 个体在面对面孔信息时，面孔信息与非面孔信息所体现出来的重要性是同等的，这种缺乏情绪面孔偏向的典型症状在自闭特质个体中也得到体现。但是单一的面孔信息（如愤怒表情）所携带的信息有限，当只呈现面孔信息时，其实验结果并不能很好地代表大学生这一群体在日常生活中经历负性情绪时所做出的反应。因此本研究使用包含更多负面信息的情绪图片，来探讨自闭特质个体其负性情绪知觉能力的大脑活动模式及其背后的神经基础。基于此，本研究假设自闭特质个体在进行较为复杂的负性情绪加工过程中，其可能涉及的脑区为额叶、顶叶、杏仁核等区域。第二，重复性刻板行为一直困扰着自闭特质个体，造成重复性刻板行为的重要原因之一是认知控制功能的失调。良好的认知控制能力是排除干扰刺激，保证任务顺利进行的关键因素。对大学生自闭特质个体的认知控制功能的神经机制进行探讨，找到影响大学生自闭特质个体认知控制功能的结构基础与功能基础，为有针对性地干预训练提供指导与借鉴。基于此，本研究假设与自闭特质个体的重复性刻板行为有关的脑区主要集中在额叶、顶叶以及与执行控制功能密切相关的额顶网络、默认网络等。此外,对于影响大学生自闭特质的环境因素进行探讨也变得不容忽视。已有的研究多从自闭特质的行为层面上去探讨,然而对于环境与自闭特质之间关系的神经机制的探讨还比较缺乏。因此,本文试着探明特定的风险因素(如神经质)与保护因素(如开放性),是如何影响大学生自闭特质的发展变化及其神经基础的。对于自闭特质群体来说,了解自身特点,对更好地融入社会生活以及维持社会稳定发展均具有重要的现实意义。

2.1.2 研究方案

综上所述,本研究通过4个研究8个实验来共同探讨大学生自闭特质的脑机制及其影响因素。研究1探讨大学生自闭特质个体的大脑结构与功能基础。研究1包括两个实验,通过大脑结构与静息态两个方面对大学生自闭特质个体的脑机制进行探讨,试着找出大学生自闭特质认知功能缺陷具体集中在哪些方面,并找到它们的神经基础。研究2在研究1的基础上初步发现,存在异常的脑区与功能连接主要集中在情绪识别功能与反应抑制功能方面。因此,研究2探讨大学生自闭特质情绪识别能力和反应抑制能力的脑机制。研究2基于经典的实验范式情绪调节任务以及停止信号任务,从两个角度来探讨大学生自闭特质个体在负性情绪加工与反应抑制能力方面的神经机制差异。研究3探讨大学生自闭特质的风险因素及其神经机制,通过对其风险因素的探讨,探明该因素是怎样通过大脑影响自闭特质个体的。研究4探讨大学生自闭特质的保护因素及其神经机制,通过对其保护因素的探讨,探明该因素是否通过对大脑的影响进而成为保护大学生自闭特质个体的关键因素。研究框架图如图2-1所示。

图 2-1 研究框架

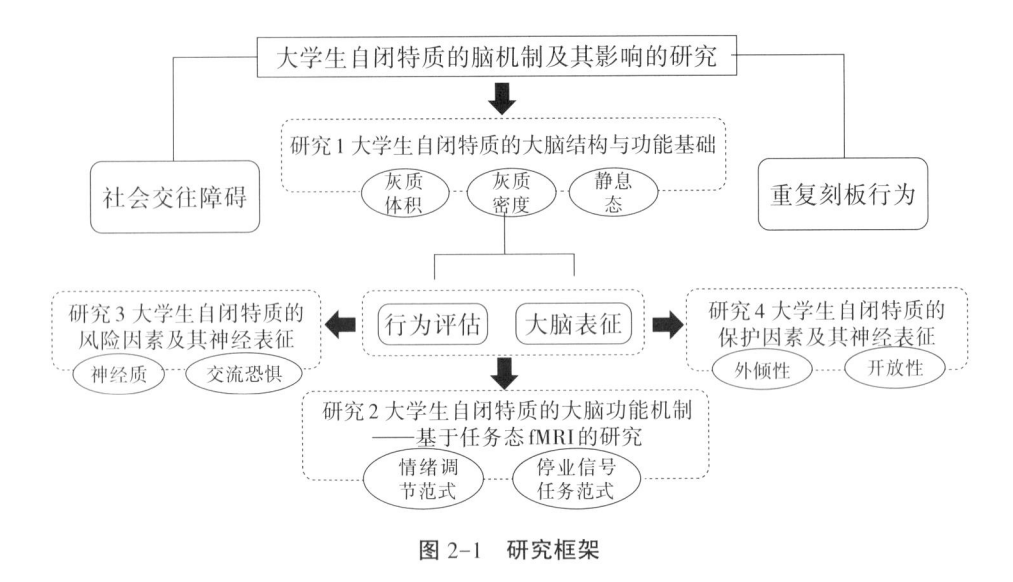

研究1包括两个实验,实验1通过采集大样本的大学生被试(n=401),采用结构磁共振成像来探讨自闭特质个体的大脑结构的个体差异。采用多元回归分析来探究与自闭特质相关的脑结构基础。实验2以实验1的结果脑区作为兴趣点(region of interests, ROI)进行ROI到全脑的功能连接分析,探讨与自闭特质相关的脑功能连接的神经机制。

研究2包括两个实验,实验3通过经典的情绪调节实验范式,探讨大学生自闭特质个体在负性情绪加工的过程中大脑的激活特点以及功能连接模式的神经机制。实验4采用经典的停止信号实验范式来探讨大学生自闭特质个体在反应抑制过程中大脑的加工机制以及大脑功能连接的特点。

研究3包括2个实验,实验5探讨神经质人格特质对大学生自闭特质影响的神经机制。实验6探讨交流恐惧对大学生自闭特质影响的神经机制。

研究4包括2个实验,实验7探讨外倾性人格特质对大学生自闭特质影响的神经机制。实验8探讨开放性人格特质对大学生自闭特质影响的神经机制。

2.2 研究意义与创新之处

2.2.1 研究意义

通过对大学生自闭特质的研究,进一步丰富和完善除了临床ASD之外的普通人群中的自闭特质的理论内涵。本研究基于多模态功能磁共振进一步探讨大学生自闭特质个体社会认知功能与执行控制功能受损的认知神经心理学机制。探讨大学生自闭特质个体在社会交往与抑制控制方面所存在的问题以及背后的神经机制,进一步明确脑网络损伤所导致的认知功能异常的原因。并且在找到其关键的影响因素的基础上探明哪些因素是风险因素,哪些是保护因素。为大学生自闭特质个体更加全面地了解自己提供指导建议,使其能够正常顺利地进行社会交往生活,同时为临床ASD患者提供诊断、治疗的方向和思路。

2.2.2 创新之处

首先,本研究结合多学科知识,例如心理学、神经影像学以及认知神经科学等,使用大样本数据结合多种研究方法去探究大学生自闭特质的神经机制以及环境对大学生自闭特质的影响及其神经机制。

其次,本研究使用经典的任务范式情绪调节任务以及停止信号任务来探讨大学生自闭特质的情绪加工能力以及反应抑制能力,分别从大脑的激活模式、功能连接模式以及所涉及的认知功能背后的神经机制等方面对大学生自闭特质的脑机制进行探讨。并为个体在日常生活中的社会交流提供改善建议,促进大学生的心理健康发展。

最后,通过对影响大学生自闭特质个体的危险因素与保护因素的神经机制的探讨,明确了自闭特质个体不同的人格类型和交流恐惧程度通过大脑对自闭特质产生了影响。对大学生自闭特质的影响因素及其神经机制的探讨,有助于进一步了解大学生在情绪加工与抑制控制方面存在的缺陷,为多元、综合干预、诊断与治疗提供指导性意见。

第3章　大学生自闭特质的大脑结构与功能基础

　　自闭症谱系障碍(ASD)是包括以社会认知功能与执行控制功能损伤为特征的神经发育障碍,但也涉及其他认知功能损伤。自闭症谱系障碍的概念既反映了其本身的异质性(例如:智商高低),也反映了一般人群中自闭症状的连续性特征。有研究指出 ASD 儿童的父母所报告的自闭特质水平亦较高,但并没有达到临床诊断标准(Wheelwright, Auyeung, Allison, & Baron-Cohen, 2010)。测量正常人群中不同水平的自闭特质量表使用较为广泛的是自闭特质量表(Autism-Spectrum Quotient, AQ)。AQ 量表包含五个维度,分别是社会交往技巧、言语交流、细节注意、注意转换以及想象力,这五个维度包含了 ASD 的主要临床表现及其他行为模式。AQ 在众多测量自闭特质的量表中有自己的优势,首先是该量表是自测量表,方便收集数据;其次,该量表在 ASD 临床患者、精神分裂症患者以及正常人群中均得到了很好的应用,在不同的国家及文化背景,不同的年龄段都有较好的信效度及稳定性(Baron-Cohen, Hoekstra, Knickmeyer, & Wheelwright, 2006)。目前国内学者对 AQ 进行汉化并将 AQ 应用于中国人样本上,其信效度均表现良好(Lau et al., 2013)。

越来越多的研究使用功能磁共振的方法来探讨 ASD 个体大脑结构和功能(Ikeda et al., 2018)之间的差异,但对于正常群体中自闭特质的个体的研究相对较少。对自闭特质进行研究是对 ASD 研究的补充与发展。并且对个体自闭特质进行研究的优势在于,与 ASD 相比,正常人群中的大学生自闭特质个体的智力水平整体上是一致的。同时也直观地提供了自闭特质的神经机制的证据,并且对于 ASD 诊断与治疗也有一定的借鉴意义(Pang, Lee, Wright, Shen, & Bo, 2018)。

现有关于 ASD 大脑灰质体积的研究存在不一致的结果。大部分结果所关注的脑区多集中于额叶与颞叶区域,这些区域对应的认知功能是情绪控制以及社会交往(Patriquin, DeRamus, Libero, Laird, & Kana, 2016)。首先,一些研究表明,自闭特质个体的大脑灰质体积是增加的趋势(Toal et al., 2010),另外一些研究则表明自闭特质个体的大脑灰质体积是减少的趋势(D'Angelo et al., 2016)。其次,在颞叶区域,一些研究发现自闭特质的大脑灰质体积呈现增加趋势(Lai, Lombardo, Chakrabarti, & Baron-Cohen, 2013),而在另外的研究中则呈现减少趋势(D'Angelo et al., 2016),除了皮层上的脑区表现出异常,也有研究发现在大脑的皮层下区域同样存在异常的脑区,如基底神经节、丘脑以及腹侧纹状体等(Takeuchi et al., 2014)。

在自闭特质大脑灰质密度的研究中同样发现了不一致的结果。一项基于 VBM 的综述研究中指出,高功能自闭症个体的右侧扣带以及左侧额下回的灰质密度呈现下降趋势。而在另一项涉及 ASD 以及精神分裂症患者的研究中发现,相对于精神分裂症患者,ASD 个体的双侧前额叶和扣带前部的灰质密度呈增加趋势(Katz et al., 2016)。而在纳入了更多精神疾病的类别之后,ASD、精神分裂症和强迫症的灰质密度的发展模式并不是随机的,而是在双侧前额叶、腹内侧前额叶、眶额叶以及扣带区域均表现出减少的趋势(Cauda et al., 2018)。而在另外的一些研究中发现 ASD 个体相对于对照组，额中回(middle frontal gyrus, MFG)表现出明显的增加趋势，并且激活区域与脑结构区域是一致的。也有研究发现 ASD 组相对于控制组其感觉运动区域(precentral gyrus, PCG)的灰质密度增加了。

关于自闭特质个体的大脑功能连接的研究，多集中于任务态与静息态下的脑功能连接。静息态下能够观察大脑自发活动的模式，并且能够揭示神经性疾病的生物学标记。静息态功能磁共振由于不需要实验设计，时间短，临床医师易于操作且被试愿意配合等因素，使得该技术越来越得到普及(Hoffmann, Bruck, Kreifelts, Ethofer, & Wildgruber, 2016)。在关于 ASD 的静息态功能连接研究中发现，功能连接的非典型大脑区域主要有眶额叶、颞上回、杏仁核等区域，这些区域共同组成了"社会脑网络"，该脑网络理论由 Brothers 和 Simon Baron-Cohen 提出(Brothers, 1990)。

ASD 个体在心理和行为上的变化被认为同样反映了大脑形态学上的成熟缺陷(Schmeisser & Boeckers, 2017)。然而自闭特质个体并没有得到足够的重视，虽然自闭特质确实影响了他们的情绪控制、社会交往与互动。自闭特质个体承担了与普通人相同的社会责任，但是在精神上承担了更多的压力，他们可能与普通人做同样工作的时候，却占用或消耗了更多的认知资源(Lai et al., 2013)。对自闭特质的研究在某种程度上可以帮助这一群体减轻心理负担、精神压力，获得更好、更健康的生活，从而摆脱精神状况亚健康的状态(Guan & Zhao, 2015)。大学生自闭特质个体大脑认知功能的非正常变化可能影响个体大脑与行为的发展，尤其是额叶、舌回、枕叶、扣带、脑岛和海马旁等区域。综上所述，现有的研究多关注 ASD 患者的 VBM 和功能连接研究，但很少有研究关注自闭特质个体的大脑的神经机制研究，尤其是在中国人样本上。在本研究中我们使用大脑的灰质结构以及静息态功能连接对自闭特质个体的脑基础进行探讨。灰质一般来说分为灰质体积(gray matter volume,

GMV)与灰质密度(gray matter density, GMD),灰质体积代表了灰质的绝对数量,而灰质密度则代表了灰质在这一区域中所占的比例。

3.1 实验1 大学生自闭特质的大脑结构基础——基于大脑灰质体积与灰质密度的研究

3.1.1 实验目的

现有的研究对自闭特质的大脑结构基础进行了探讨,但研究结果并不一致。导致结果不一致的原因可能是已有研究的样本量较小。另外不同的研究采用的分析方法也不同。因此,实验1试图通过大样本被试,采用常规的大脑结构(灰质体积与灰质密度)指标,探讨大学生自闭特质的大脑结构基础。

3.1.2 实验方法

3.1.2.1 被试

本次实验被试共有401人(其中男性:111名,年龄分布:18—26岁,均值:21.04岁,标准差:1.27)。在实验正式开始之前,我们将被试按照一定标准进行排除。首先,所有被试通过经过专业培训的研究生对其进行结构化DSM-IV访谈,本次实验所有被试均在DSM-IV的诊断标准之外;其次,所有的被试需填写自查量表,主要排除是否存在严重颅内损伤、药物滥用、高血压或心血管疾病。所有被试均为右利手,视力或矫正视力正常,并且实验结束后均得到了相应的报酬。

3.1.2.2 自闭特质量表

自闭特质量表是对一般人群中的自闭特质进行定量测量的量表(Baron-Cohen, Wheelwright, Skinner, Martin, & Clubley, 2001)。本实验中使用的是中文修订版自闭特质量表(Lau et al., 2013),该量表包含社交技巧(social skill)、注意转换(attention switching)、细节注意(attention to detail)、言语交流(communication)和想象力(imagination)五个维度,共50道题组成。每个分量表均有10

道题,采用二元计分,"绝对不同意"和"稍微同意"计"1分","稍微不同意"和"绝对不同意"反向选择计"1分",其中一半的答案是"同意",一半答案为"不同意",总分最高为50分,临界值为32分,高于32分的被试存在较高的自闭症风险。每一个诊断选项的答案均可以计为1分,使得自闭特质可以在一般人群中呈正态分布。AQ问卷涵盖了各个年龄段,从儿童到成年人,均有对应的问卷可以用于测评。目前的研究表明该量表的信效度是非常可靠的,本实验中使用的自闭特质量表是大学生版,以总分作为分析对象(Kloosterman, Keefer, Kelley, Summerfeldt, & Parker, 2011)。

3.1.2.3 数据采集

首先在西南某高校的脑成像中心采集了被试的大脑结构像数据。扫描前告知被试实验过程中的注意事项,包括闭眼休息不要睡着、保持头部不要动,提醒被试佩戴降噪耳塞来避免噪声影响等。本实验数据扫描采用的是快速梯度回波序列来获得每个被试的高分辨率的T1加权结构像。实验的具体扫描参数如下:重复时间(repetition time, TR) = 1900 ms,翻转角(flip angle) = 90度,扫描视野 = 256 × 256,层数 = 176,厚度 = 1.0 mm,体素大小(voxel size) = 1×1×1 mm^3)。

3.1.2.4 数据处理

本实验使用基于Matlab7.8的SPM8封装软件对被试的结构像数据进行处理。首先,使用SPM8工具对每个被试的结构像数据质量进行检查,排除结构像可能存在的伪影、扫描不全以及其他形态结构异常的被试数据,以此来确保T1结构像的数据质量。第二,对结构像数据进行手动重新定位,调整每个被试的前后联合平面。然后对数据进行分割,分为灰质、白质和脑脊液。接着计算每个被试的图像到标准模板空间的仿射变换矩阵,并利用该矩阵生成对齐到空间的图像。第三,通过 Diffeomorphic Anatomical Registration through Exponentiated Lie(DARTEL)工具分别创建用于该实验所需要的灰质和白质模板,然后将配准后的灰质和白质模板进行蒙特卡洛神经中心(Montreal Neurological Institute,MNI)空间标准化,同时将图像的voxel大小重新采样然后生成标准化到MNI空间的Jacobian调制和空间平滑(smooth)的组织图像。最后为了得到具有较高信噪比的图像,采用10 mm平滑核(full-width, half-maximum, FWHM=10mm)对图像进行平滑。经过以上步骤的预处理,得到每个被试的灰质和白质的图像。

3.1.2.5 数据分析

该实验的脑成像数据均在SPM8封装软件中进行。基于全脑水平使用多元回归分析的统计方法来探讨自闭特质个体的大脑结构基础。在此回归模型中,我们将自闭特质总分作为感兴趣变量,性别、年龄和全脑灰质体积与灰质密度作为协变量进行回归,消除无关变量对实验结果的影响。在本研究中我们使用自定义mask来进行分析,目的是避免有意义结果的丢失(Ridgway, Omar, Ourselin, Hill, Warren, & Fox, 2009)。后续分析均是基于此mask进行分析。将分析中灰质体积体素 $k > 182$, 灰质密度体素 $k > 50$ 的结果进行保留,采用AlphaSim $p < 0.005$ 的阈值水平进行多重比较校正。

3.1.3 实验结果

3.1.3.1 行为结果

AQ分数的均值为19.58,标准差为5.27。AQ分数在性别上是存在差异的($p < 0.01, T = 2.72$)。本实验的人口学变量及行为结果如表3-1所示。

表3-1 被试人口学及行为信息汇总(n=401)

项目	男 ($n = 111$) 均值(M)	标准差(SD)	女 ($n = 290$) 均值(M)	标准差(SD)	峰值	Cohen d
年龄	21.02	1.31	21.04	1.25	−0.10	1.27
自闭特质总分	20.72	5.33	19.14	5.19	2.72**	5.23
社交技巧	4.10	2.44	3.61	2.48	1.77	2.47
注意转换	5.01	1.57	5.18	1.66	−0.92	1.63
细节注意	4.73	2.01	4.64	2.17	0.39	2.12

续表

项目	男 (n = 111) 均值(M)	标准差(SD)	女 (n = 290) 均值(M)	标准差(SD)	峰值	Cohen d
言语交流	3.44	1.98	2.96	1.90	2.26*	1.92
想象力	3.44	179	2.75	1.52	3.86**	1.61

注：*$p < 0.05$；**$p < 0.01$。

3.1.3.2 灰质体积的分析结果

将 AQ 总分作为感兴趣变量，性别、年龄、全脑灰质体积作为协变量进行回归之后，结果发现右侧额中回（right middle frontal gyrus，MFG）和枕中回（middle occipital gyrus，MOG）(MNI coordinates: 10, 48, 1.5, T = 3.90; 30, -88.5, 0, T = 3.22)的灰质体积呈现增加趋势。左侧海马旁回（parahippocampal gyrus，PHG）(MNI coordinates: -13.5, 3, -27, T = -3.79)的灰质体积呈现减少趋势，如表 3-2 所示。

表 3-2 灰质体积分析结果

	体素	半球	峰值点 T 值	BA 脑区	MNI 空间坐标	脑区
灰质体积增加	195	右	3.90	10	33 48 1.5	额中回
	313	右	3.22	18	30 -88.5 0	枕中回
灰质体积减少	118	左	-3.79	n/a	-13.5 3 -27	海马旁回

注：BA 脑区为布鲁德曼脑区；MNI 为蒙特利尔神经科学研究所。

3.1.3.3 灰质密度的分析结果

将 AQ 总分作为感兴趣变量，性别、年龄、全脑灰质密度作为协变量进行回归之后，结果发现左侧额上回（superior frontal gyrus，SFG）和右侧中央前回（Precentral gyrus，PCG）的灰质密度（MNI coordinates: 25. 5, -6, 63, T = 3.60; -45, -1.5, 52.5. T = 3.33）呈增加趋势。右侧顶上小叶（Superior parietal lobule, SPL）(MNI coordinates: -13.5, -73.5, 58.5, T = -3.18)的灰质密度呈现减少趋

势,如表3-3所示。同时相关分析发现AQ的子维度社交技巧、注意转换与大脑灰质体积和灰质密度存在显著的相关关系,如表3-4所示。

表3-3 灰质密度分析结果

	体素	半球	峰值点 T值	BA脑区	MNI 空间坐标	脑区
灰质密度增加	124	左	3.60	10	25.5 -6 63	额上回
	108	右	3.33	24	-45 -1.5 52.5	中央前回
灰质密度减少	50	右	-3.18	7	13.5 -73.5 58.5	顶上小叶

注:BA脑区为布鲁德曼脑区;MNI为蒙特利尔神经科学研究所。

表3-4 自闭特质的子维度社交技巧、注意转换等与大脑灰质体积和灰质密度之间的相关关系

项目	额中回灰质体积	额上回灰质密度	顶上小叶灰质密度
自闭特质总分	0.047*	0.008**	0.002**
社交技巧	0.220	0.014*	0.003**
注意转换	0.036*	0.011*	0.000***
细节注意	0.005**	0.168	0.083
言语交流	0.027*	0.000**	0.108
想象力	0.365	0.169	0.399

注:$^*p < 0.05$;$^{**}p < 0.01$。

3.2 实验2 大学生自闭特质的大脑功能基础——基于静息态功能磁共振研究

3.2.1 实验目的

实验2在研究1的基础上,进一步采用静息态功能连接的分析方法来探明大学生自闭特质在哪些大脑功能方面存在异常,并揭示其相应的大脑功能连接特征与模式。

3.2.2 实验方法

3.2.2.1 被试

本实验在实验1的基础上对同一个样本的被试进行自闭特质大脑功能连接的探讨。本实验的被试与实验1的被试相同,被试人口学变量及行为指标请参见表3-1,表3-2。

3.2.2.2 自闭特质问卷

实验2所采用的问卷信息与实验1相同,具体信息请参见实验1的自闭特质问卷描述部分。

3.2.2.3 数据采集

在西南某高校的脑成像中心使用3T的西门子磁共振成像仪器采集被试的静息态功能像数据,线圈为16。扫描前告知被试实验过程中的注意事项,包括闭眼休息不要睡着、保持头部不要动,提醒被试佩戴降噪耳塞来避免噪声影响等。实验参数为梯度回波EPI(echo planar imaging)参数(层数= 32层,层间距 = 1 mm,层厚 = 3 mm,TR = 2000 ms,TE = 30 ms,FOV= 220 mm × 220 mm,扫描矩阵(matrix)= 64 × 64,voxel size = 3.4 × 3.4 ×4 mm^3),共有242个时间点的大脑静息态图像数据。

3.2.2.4 数据处理

静息态的脑成像数据是采用DPARSF(data processing assistant for resting state fMRI)软件进行预处理(Yan & Zang, 2010),是基于SPM8软件包。为了排除环境对被试的不适应的影响,首先去掉每个被试的脑图像的前10个时间点,然后将剩下的232个时间点的静息态脑影像进行预处理,处理过程包括时间层矫正、头动矫正以及配准到标准空间。在这个过程中为了排除生理信号对数据的影响,将全脑信号、白质、脑脊液和6个头动参数进行了回归控制。最后对数据进行平滑,选用的平滑参数为FWHM=8 mm,带通时序滤波(band-pass temporal filtering)= 0.01~0.1 Hz。

3.2.2.5 数据分析

为了探讨自闭特质个体在静息状态下的大脑活动模式,本研究采用基于ROI做到全脑的功能连接分析。使用CONN工具包(http://web.mit.edu/swg/software.htm),该软件包基于SPM8(www.fil.ion.ucl.ac/spm)进行操作(Whitfield-Gabrieli & Nieto-Castanon, 2012)。CONN在进行ROI分析时,是计算选定的脑区与全脑所有体素之间血氧水平随着时间变化的功能连接关系。将大脑白质体积、脑脊液和心理噪声作为协变量进行回归,执行CompCor策略(Behzadi, Restom, Liau, & Liu, 2007)。ROI选择根据实验1分析结果中的大脑结构脑区,并在Brainnetome Atlas(Fan et al., 2016)脑图谱中找到与之对应的或者相近坐标的脑区,Brainnetome Atlas共分为264个脑区,其中包括28个皮下脑区。然后计算这些ROI点与其他大脑团块之间的关系。ROI的选择结果如下:额上回(superior frontal gyrus, SFG, MNI coordinates: 7, -4, 60)、顶上小叶(superior parietal gyrus, SPL, MNI coordianates: 19, -69, 54)、顶下小叶(inferior parietal gyrus IPL, MNI coordianates: 55, -26, 26),如表3-5所示,以上ROI的选择是以该坐标为中心划5mm的小球。采用family-wise error(FWE)对结果进行多重比较矫正,显著性水平为 $P < 0.05$。

表3-5 感兴趣区选取的详细信息

感兴趣区	MNI空间坐标	半球	标签	修正脑区
额上回	7, -4, 60	右	10	A6m,中央区域6
顶上小叶	19, -69, 54	右	128	A7c,尾部区域7
顶下小叶	55, -26, 26	右	146	A40rv,喙部腹区域40(PFop)

3.2.3 实验结果

3.2.3.1 行为结果

实验2中使用的数据与实验1一致,被试的人口学变量与行为变量的统计信息请参见实验1的行为结果部分。

3.2.3.2 大脑功能连接结果

在回归了性别、年龄之后,多元回归分析的结果发现,自闭特质得分与右侧SFG与左侧扣带中部(middle cingulate cortex,MCC)(cluster size = 138, MNI: -8, -34, 40, T = 4.16)之间的功能连接增强;与右侧顶上小叶(superior parietal gyrus,SPL)(cluster size = 641, MNI: 22, -66, 64, T = -4.3)之间的功能连接降低。当以右侧SPL作为ROI,结果发现其与右侧眶额叶(superior orbitofrontal cortex,sOFC)(cluster size = 216, MNI = 22, 30, -18, T = -4.16)之间的功能连接降低。当以右侧IPL作为ROI,结果发现与左侧杏仁核(amygdala,cluster size = 76)(MNI: -22, -4, -18, T = 4.33)之间的功能连接增强,如表3-6所示。

表3-6 感兴趣区与全脑功能连接分析结果

感兴趣区	脑区	峰值点T	体素	MNI空间坐标
额上回				
	扣带中部(左)	4.16	138	-8, -34, 40
	顶上小叶(右)	-4.30	641	22, -66, 64
顶上小叶				
	眶额叶(右)	-4.16	216	22, 30, -18
顶下小叶				
	杏仁核(左)	4.33	76	-22, -4, -18

注:MNI为蒙特利尔神经科学研究所。

3.3 讨论

3.3.1 大学生自闭特质个体的大脑结构基础的讨论

实验1探讨大学生自闭特质个体基于大脑灰质体积与灰质密度两个方面的大脑结构基础。结果发现自闭特质得分越高的个体,其右侧MFG、MOG的灰质体积呈增加趋势,左侧PHG的灰质体积呈减少趋势。而在基于灰质密度的研究中发现自闭特质得分越高的个体,左侧SFG、右侧中央前回呈增加趋势,右侧SPL呈减少趋势。这些脑区的异常变化表明大脑的发育与成熟的特异性发展是自闭特质形成的重要原因之一,灰质体积与灰质密度的变化可以在一定程度上诠释自闭特质个体异常的心理和社会行为。

首先,实验1发现AQ总分越高的个体,其右侧MFG和MOG的灰质体积呈显著的增加趋势,这与之前研究中的研究结果一致,二者所在脑区与社会交往与互动息息相关(Stevenson, Sun, Hazlett, Cant, Barense, & Ferber, 2018)。这两个脑区也是涉及ASD个体计划、灵活性、执行功能和工作记忆等认知功能异质化的重要脑区(Craig, Margari, Legrottaglie, Palumbi, de Giambattista, & Margari, 2016)。以上研究结果表明自闭特质个体随着自闭程度的不断增加MFG和MOG的灰质体积不断增加,可能受到执行功能与社会交往障碍的影响(Craig et al., 2016)。自闭症状没有达到临床诊断标准的个体,其智力、生活方式与社会交往均与普通人类似,但是却承受着更多的社会与心理压力,这可能是由于其大脑结构异常发展,改变了个体的社会执行功能与社会交往能力(Christ, Kanne, & Reiersen, 2010)。自闭特质个体社会沟通情境压力与社会沟通能力较差在大脑上表现出来的差异,可能是其为了完成社交任务所使用的补偿策略(Schneider, Nott, & Dux, 2014)。大脑MFG、MOG的灰质体积的非典型性发展可能反映了大学时期大脑的发展并没有很好地完成"修剪"神经组织的过程,这可能致使不必要的神经组织得到保留,这一过程导致了大学生自闭特质个体大脑结构发展异常。

第二,实验1还发现左侧PHG的灰质体积随着大学生自闭程度的增加而减少,这一结果亦重复了之前研究中的结果(Yu et al., 2019)。PHG在以往的自闭特质研究中是重复性刻板行为的重要脑区(Hau, Aljawad, Baggett, Fishman, Carper, & Müller, 2019)。这一脑区还涉及记忆的无意识编码,即自传体记忆(Duss et al., 2014)和社交情绪行为等功能(Puiu et al., 2018)。自闭特质个体和临床ASD个体,他们在理解他人的心理状态、语言以及情绪处理等方面一般来说是异于常人的(Grecucci, Rubicondo, Siugzdaite, Surian, & Job,

2016）。以往的研究表明,自闭特质个体可以和他人进行交流但会承受更多的心理压力。并且有研究表明,自闭特质个体更容易记住负性事件,比如社会排斥、童年创伤或来自日常的人际压力(Sebastian, 2015)。大学生将情感信息进行适当整理,这有益于大脑神经网络的发展(Sebastian, 2015)。神经影像学研究表明,大学生社会认知能力的提高是由大脑相关脑区的持续发展所支撑的。这可能是实验1中PHG灰质体积下降的主要原因,也可能解释了自闭特质个体的非典型性行为,如社交障碍与重复性行为等。

第三,实验1的结果还发现自闭特质个体大脑右侧SPL灰质密度随着自闭程度的增加呈现出下降趋势,这一结果与前人的研究并不一致。SPL在认知控制与细节注意等方面起着重要的作用(Qiu et al., 2018)。而本研究中SPL灰质密度的降低可能是由于非社交沟通方面的缺陷造成的。SPL属于额顶控制网络内的重要脑区(Mundy, 2018),该脑区的非正常发展可能解释了大学生自闭特质个体的刻板行为、较差的认知控制能力和较弱的目标导向能力(de Wit, 2018),而额顶控制网络被大多数研究确定为认知控制与决策过程的重要脑区。与典型发展的个体相比,大学生自闭特质个体可能在处理全局信息与局部信息时存在转换较差的问题(Van Eylen, Boets, Steyaert, Wagemans, & Noens, 2018),而社交任务转换失败可能是大学生自闭特质大脑结构异常的重要原因之一。

3.3.2 大学生自闭特质个体的大脑功能基础的讨论

在实验1中我们发现大学生自闭特质的大脑结构基础主要集中在与社会交往、情绪识别、认知控制等与认知功能相关的脑区。由于自闭特质的症状较轻,且研究表明其有别于其他精神疾病,自闭特质的核心障碍是社会交往障碍与执行控制功能障碍。所以实验2在实验1的基础上从静息态功能连接的角度来探讨大学生自闭特质个体的大脑功能连接基础,重点探讨大学生自闭特质在社会认知与执行控制方面存在的神经异常。

第一，当以实验1中的结果脑区作为种子点做到全脑的功能连接时发现，右侧SFG与左侧MCC之间的功能连接增强，这两者之间连接涉及的认知功能为注意转换与执行控制(Travers, Kana, Klinger, Klein, & Klinger, 2015)。同时右侧SFG与左侧MCC之间的功能连接强度亦呈现增强趋势，MCC属于执行控制网络中的重要脑区，在自闭特质的社交反应、重复性行为中起着重要的作用(Bubb, Metzler-Baddeley, & Aggleton, 2018)。额叶与顶叶区域组成的额顶网络与MCC之间增强的功能连接与前人的研究保持一致(Zikopoulos & Barbas, 2013)。SFG和SPL与MCC之间功能连接的增强可能是大学生自闭特质个体在注意过程与执行过程之中，其过度专注于某一刺激或进行过度思考，而控制能力的非正常发展导致其无法灵活地转移或关注其他刺激。

第二，实验2的结果还发现以右侧SPL作为种子点，其与右侧OFC之间的功能连接强度显著降低，而这两个脑区之间的连接与注意转换和社会奖赏有关(Baron-Cohen et al., 1999)。SPL-OFC之间的连接减弱可能是由于注意转移能力的减弱导致得到更少的社会奖赏反馈，而奖赏在决策的过程中起着重要的作用(Jung, Ku, Namkoong, Lee, Kim, & Kim, 2010)。这一结果表明，大学生自闭特质个体在延迟满足方面尤其是社交反馈延迟满足方面可能存在缺陷。

第三，当以左侧IPL作为种子点，其与左侧杏仁核之间的功能连接显著增强，也是重要的结果之一。IPL-amygdala之间的连接涉及的认知功能为注意保持与情绪识别(Mcpartland, Coffman, & Pelphrey, 2011)。情绪与人们的生活密切相关，与情绪密切相关的杏仁核一直得到大家的广泛关注，研究自闭特质与杏仁核之间功能连接关系的研究结果并不一致。有的研究发现IPL-amygdala之间的连接增强，有的研究发现它们之间的连接降低(Johns, Lacadie, Vohr, Ment, & Scheinost, 2019)。IPL-amygdala之间的功能连接降低可能导致大学生自闭特质个体更倾向于将社会交往行为看作是一种负性事件，而IPL-amygdala之间的连接降低使个体不能有效对情绪进行转换，从而在某种程度上带来潜在的消极影响。

以上结果表明,大学生自闭特质个体的大脑结构与功能的异常不单单是单个脑区的异常变化,而是涉及多个脑区、多个认知功能的异常发展与变化。主要是围绕社会认知功能与执行控制功能为中心的情绪识别、抑制控制以及注意等方面。因此研究1的结果可能说明这些脑区以及功能连接基础的改变可能与大学生自闭特质个体更多的社会交往障碍、情绪识别、认知控制功能有关。

第 4 章 大学生自闭特质的大脑功能机制——基于任务态 fMRI 的研究

自闭特质的核心症状是社会交往障碍（Baron-Cohen et al., 1999）。个体不断利用已有的知识、经验和技能正确接收、获得他人的意图与情感信息，对人类适应社会生活是非常重要的。大量研究表明，ASD 个体在加工情绪面孔时存在加工困难，尤其是情绪反应、信息注意与理解困难。

现有的研究多从临床角度探讨自闭特质的社会认知功能的神经机制（Avidan, Tanzer, Hadj-Bouziane, Liu, Ungerleider, & Behrmann, 2014）。很多研究发现面孔对于人来说是非常特别的存在，是婴儿不需要练习而能够习得的追视行为。但在六个月开始有 ASD 遗传基础的幼儿就会出现目光回避的问题。同样在大学生群体中 ASD 个体也表现出目光回避的症状（Roy & Wolfgang, 2015），但是大学生目标回避的原因更为复杂，除了遗传因素之外，更多的是大脑与环境交互作用的结果，给其带来社会交往障碍。面对面孔传达的复杂社会信息,ASD个体并不能很好地对信息进行接收确认。有研究表明,在面对开心、愤怒等较为纯粹的表情识别任务时,ASD被试与对照组的大脑之间不存在差异(Young, 2015)。但ASD被试加工负性图片与正性图片时,表现出较大差距,在加工负性图片时扣带、海马旁、内侧前额叶等区域的激活与功能连接与ASD的测量得分呈显著相关关系(Lassalle & Itier, 2015)。在面孔加工任务中已知的激活脑区为杏仁核,在一项恐惧面孔的研究中发现,与实验组相比,眶额叶与杏仁核脑区在对照组中显著激活,而ASD实验组显著激活的脑区是扣带与颞上回(Ashwin, Baron-Cohen, Wheelwright, O'Riordan, & Bullmore, 2007)。另外一项关于ASD在面部识别任务中的眼动轨迹的大脑功能活动的研究发现,梭状回与杏仁核的激活与ASD的注视时间呈正相关关系,这表明,以往研究中杏仁核等区域激活减少的原因可能是注视时间变短。

在社会交往过程中,个体的情绪和情绪识别能力以及情绪稳定性起着重要的作用。在情绪面孔识别任务中,可以从多方面对ASD个体的社会认知功能进行考察,包括生气、恐惧面孔以及将几何图形、性别作为基线条件的实验设计、动态面孔图片与静态面孔刺激在ASD个体之间的大脑神经机制的差异等实验设计。众多研究者使用不同的实验设计、实验条件,针对ASD个体的社会认知功能问题进行研究,然后结果并不一致,有的甚至出现相反的结果,造成这种结果的原因是多方面的,可能是实验设计中操纵的变量不同造成的,也可能是实验样本量的大小不同造成的。从多个综述以及元分析研究中发现一般针对临床ASD个体的研究均存在样本量小的现象,造成这种现象的原因是ASD个体存在明显的认知缺陷、刻板行为等,加上核磁环境要求较高,且很多实验任务需要被试预先对实验内容充分进行了解,导致ASD被试在进行核磁共振扫描时配合度不高。而对正常人群中自闭特质的研究可以避免此类问题的发生,在大样本的基础上得到的结论相对来说更可靠,可以为临床ASD研究提供诊疗借鉴。

从目前的研究来看,ASD个体的负性情绪处理和社会认知功能障碍可能是由于大脑特定脑区之间的激活和功能连接的异常造成的。不同的研究针对不同的大脑活动,从大脑结构(Hirata et al., 2018)到大脑功能连接(Zhu, Fan, Guo, Huang, & He, 2014),以及个体差异(Jansen et al., 2018)对自闭特质进行研究。这使全面研究ASD的潜在神经关联成为可能(Muskett, Capriola-Hall, Radtke, Factor, & Scarpa, 2019)。有研究发现,ASD个体对负面情绪很敏感(Ciaramidaro et al., 2018),然而也有研究发现ASD个体更倾向于忽视负面情绪(Pierce, Conant, Hazin, Stoner, & Desmond, 2011)。这些关于ASD个体处理负面情绪信息不同的观点可能是由于他们研究关注的重点分布在大脑不同区域的激活。关于探究ASD组与对照组之间的大脑神经机制差异的研究发现,与对照组相比,颞上沟、额上回与额中回之间的局部一致性显著减弱,然而丘脑、额叶和胼胝体的局部一致性显著增强。另外一项研究结果表明,ASD组的顶上小叶和前额叶的激活降低,而在颞叶外部和颞中回的激活增强。除了激活研究,在功能连接方面也发现ASD组颞-枕区域出现过度连接的现象,而在扣带中部,后扣带以及内侧前额叶区域的连接不足。并且颞枕区域的过度连接与ASD的严重程度高度相关。虽然大量的研究对ASD的社会认知功能进行探讨,但是其结果涉及面广泛且有的结果相悖。在本研究中使用情绪调节范式探讨大学生自闭特质个体的负性情绪加工的神经基础以便更好地了解大学生自闭特质个体在较多负性信息情境下对负性信息进行处理的能力。

除了情绪识别能力,ASD个体在执行控制功能方面亦存在缺陷,执行控制功能是指个体对思想和动作进行意识控制的心理过程,包括计划、注意、抑制控制等多种内容。而抑制控制是执行功能的核心成分之一,是减少或制止、中断或延迟与任务不相关行为的能力,在任务状态下,个体能够抑制来自无关刺激的影响,保证任务顺利进行。有研究指出,抑制控制能力的高低能够预测个体的学业成绩与阅读能力。并且有研究发现社会认知功能与非社会认知功能是息息相关的,抑制控制能力也会影响个体的社会认知功能。大量研究表明ASD个体在执行抑制控制任务时,与控制组相比表现出较大差异,主要表现为反应抑制能力和干扰抑制能力的不足。当对确诊ASD个体进行行为干预时,个体并不能准确进行正确反应行为判断。另有研究结果表明,自闭特质个体在进行目标刺激加工的过程中,对干扰刺激物抑制失败,说明自闭特质个体的抑制能力受损(Sanderson & Allen, 2013)。已有研究认为ASD个体的抑制障碍是造成刻板行为的原因之一(Carlisi, Norman, Lukito, Radua, Mataix-Cols, & Rubia, 2017)。有多种研究范式来研究个体的抑制控制反应能力,包括研究反应抑制的Go/No-go任务(Ocklenburg, Ness, Gunturkun, Suchan, & Beste, 2013)和Stop-signal任务。以及研究反应干扰控制的Simon任务、Flanker任务与Stroop任务(Geurts, Van den Bergh, & Ruzzano, 2014)。其中Stop-signal任务是研究反应抑制的经典范式(Schevernels, Bombeke, Van der Borght, Hopf, Krebs, & Boehler, 2015),应用广泛。该实验要求被试对出现的刺激做出按键反应,当刺激呈现之后出现停止信号,则要求被试抑制对该刺激的反应。在本研究中使用停止信号任务对大学生自闭特质的反应抑制能力进行探讨,可以更为深入地了解大学生自闭特质个体对信息进行统合以及集中注意力排除干扰刺激的能力。这些对于从根本上了解大学生自闭特质个体反应抑制能力的神经机制具有重要的现实意义。

4.1 实验3 大学生自闭特质个体负性情绪加工的神经基础——基于情绪调节任务态的研究

4.1.1 实验目的

现有研究对于大学生自闭特质情绪加工尤其是负性情绪加工的脑机制的探讨较少。因此实验3将收集大样本数据,通过任务态方式,探讨大学生自闭特质在情绪加工过程中的大脑神经机制以及作用机制。

4.1.2 实验材料评定

由于本研究涉及情绪图片,实验材料来自国际情绪图片库,首先对实验材料进行唤醒度与效价匹配,并在中国人样本上进行效价的重新评定。

4.1.2.1 被试

我们从西南某高校招募188名被试(男57名,平均年龄为20.34岁)对正式实验材料进行评定。

4.1.2.2 实验材料评定流程

将刺激图片使用E-prime2.0进行随机呈现,让被试对每一张图片进行愉悦度与唤醒度1—9点评分。愉悦度是指你看到图片的愉悦程度,1-非常不愉快,9-非常愉快。唤醒度是指当你看到图片时心理感受强度的评价,1-内心非常平静,9-内心很澎湃激动。

4.1.2.3 实验评定结果

实验材料评定结果显示,中性图的唤醒度显著低于负性图片($t = -13.97$, $p < 0.001$),中性图片的愉悦度显著高于负性图片,($t = 28.97$, $p < 0.001$)。降低负性情绪条件的图片与观看负性情绪图片条件的图片在唤醒度($t = 0.16$, $p = 0.872$)和愉悦度上($t = -0.23$, $p = 0.819$)均不存在显著差异。分析结果有效区分了实验条件之间的关系,表4-1所示。

表4-1 材料评定结果

项目	唤醒度($M ± SD$)	愉悦度($M ± SD$)
中性图片($n = 15$)	4.02±1.57	5.06±1.22
负性图片($n = 30$)	6.07±1.68	2.40±0.91
降低负性条件($n = 15$)	6.08±1.70	2.39±0.91
观看负性条件($n = 15$)	6.05±1.66	2.41±0.92

4.1.3 实验方法

4.1.3.1 被试

被试($n = 106$,男性:80名,年龄分布:18—25岁)招募自西南某高校,在实验开始之前,首先采集被试的基本信息,并由两名经过训练的研究生对被试进行DSM-IV的结构化访谈以排除潜在的精神疾病,并且被试需要填写一份自查量表,主要是为了排除严重脑损伤、药物滥用史、高血压或者心血管疾病。所有被试均为右利手,视力或矫正视力正常,且所有被试阅读并签署知情同意书,在实验结束后得到相应的报酬。

4.1.3.2 自闭特质问卷

本研究关注的自闭特质与实验1中问卷一致,详细信息请参见实验1自闭特质问卷的描述部分。

4.1.3.3 实验设计与流程

本实验名为认知重评任务,包含三个实验条件:分别是观看中性图片、观看负性图片、对负性图片进行调节。实验分为练习实验和正式实验两个部分。练习实验要求被试理解实验内容、要求及流程。主试首先要陈述指导语,告知被试稍后在屏幕中央会出现两种指导语,一种是要求被试集中注意力观看屏幕中出现的图片,并对图片做出真实反应,图片消失后出现负性情绪强度评定,做1—5点评分,(1-没有任何负性情绪,5-很强烈的负性情绪)。第二种指导语是要求被试根据图片内容使用策略来降低该图片带来的负性情绪。三种实验条件随机呈现,每个试次之间存在1/3秒的休息间隔,本实验所有图片来自IAPS(International Affective Picture System)图片库,实验总时长为11分28秒,在本研究中,只使用观看负性图片与观看中性图片,实验流程如图4-1所示。

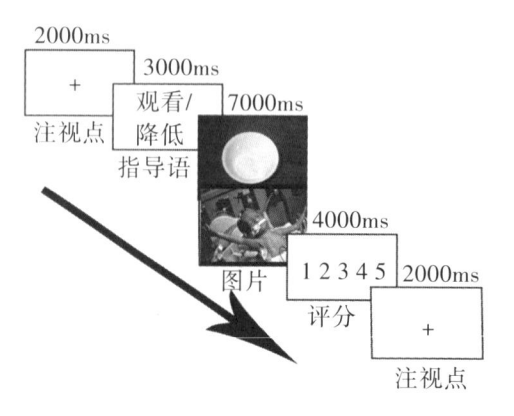

图4-1 实验流程示意图

4.1.3.4 数据采集

首先在西南某高校的脑成像中心采集了被试的大脑核磁共振成像数据。扫描前告知被试实验过程中的注意事项,包括闭眼休息不要睡着、保持头部不要动,提醒被试佩戴降噪耳塞来避免噪声影响等,按照实验要求进行按键操作。实验采用EPI序列进行数据采集,具体参数如下:层数为32层,层间距=1毫米,层厚=3毫米,TR=2000毫秒,TE=25毫秒,FOV=20厘米,扫描矩阵=64×64。

4.1.3.5 数据处理与分析

每个被试的核磁共振脑图谱采用SPM8进行预处理。预处理基本流程为:首先对每一个被试的图像进行时间序列的配准,然后对图像进行头动的矫正,再用EPI模板将每个被试的图像进行空间标准化(Realigned),接着将数据重采样成分辨率为3×3×3mm³的体素。最后用6毫米的平滑核完成图像数据的高斯平滑(Smooth)。

4.1.3.6 大脑激活分析

在预处理数据的基础上使用一般线性模型(General linear model,GLM)建立每个被试的刺激矩阵。在实验3中我们主要关注观看负性刺激与观看中性刺激及两个条件相减下的脑激活。为了排除头动的影响,在一阶分析中纳入被试的6个头动参数。一阶分析使用单样本 T 检验,将观看负性条件与观看中性条件进行相减处理,这一步可以获得每个被试相减之后的SPM图像。接着进行二阶分析,纳入被试的自闭特质得分,使用多元回归的分析方法考察自闭特质个体在观看负性——观看中性条件下的脑激活,自闭特质得分作为感兴趣变量,回归性别、年龄。采用cluster水平FEW $p < 0.05$,voxel水平 $p < 0.001$ 进行多重比较校正。

4.1.3.7 中介分析

为了进一步验证激活的脑区在自闭特质个体与负性情绪处理之间起着什么样的作用。采用基于ROI的中介分析方法,使用基于SPSS 25的

PROCESS 3.3((Hayes,2012)进行分析,将AQ总分作为自变量,负性情绪分数(观看负性—观看中性)作为因变量,MTG的激活值作为中介变量。性别、年龄作为无关变量进行回归,执行bootstrap抽样对中介效应进行估计,抽样次数bootstrap = 5000,使用95%的置信区间且置信区间不包含0来验证该中介模型的可信度。

4.1.3.8 功能连接分析(gPPI)

为了进一步验证激活脑区在自闭特质个体进行负性情绪体验过程中的功能连接情况,使用CONN工具包进行生理心理交互作用分析。在一阶分析中,提取了每个被试在每个条件下的BOLD信号值,然后计算出seed-to-voxel的beta图像,接着计算出种子点区域的时间序列与观看负性—观看中性两种条件之间的相互作用值。采用cluster level FWE $p < 0.05$, voxel level $p < 0.001$ 进行多重比较校正。将Cerebrospinal fluid(CSF), white matter, ART-based scrubbing, 6 rigid-bod,性别、年龄作为协变量进行回归, bandpass filtering ($0.01 \text{ Hz} < f < 0.1 \text{ Hz}$),使用的激活点为MTG(MNI: 48, -18, -18)。

4.1.4 实验结果

4.1.4.1 行为结果

该研究中被试的生理学指标以及行为指标如表4-2所示,AQ分数的平均值为19.76,标准差为5.24,AQ的分数范围为9—31分。

表4-2 生理学以及行为学指标汇总

项目	均值(M)	标准差(SD)	范围
年龄	21.25	1.26	18-25
自闭特质总分	19.76	5.24	9-31
社节技能	3.79	2.37	0-9
注意转换	5.29	1.81	1-10
细节注意	4.66	2.10	1-10
交流	3.15	1.91	0-8
想象力	2.87	1.55	0-6

4.1.4.2 大脑激活分析结果

通过计算每个被试在观看负性—观看中性条件下的图像发现,大脑右侧颞中回、颞下回、左侧额中回、扣带区域显著激活,右侧中央后回、楔叶等区域激活降低,如表4-3所示。

表4-3 被试在观看负性—观看中性条件下的脑激活差异结果

	体素	半球	峰值点t值	MNI空间坐标	脑区
正激活	1417 1110 57 42	右 右 右 左 左	19.48 19.20 19.33 9.28 8.43	45 −51 −21 48 −69 6 30 −88.5 0 0 45 −18 −18 −30 24	颞下回 颞中回 枕中回 额中回 扣带回
负激活	591 405 143	右 右 右	−14.98 −13.83 −7.52	39 −21 21 33 −21 48 12 −81 27	罗兰迪克岛盖 中央后回 楔状回

注:FWE(familywise error)corrected,整体错误率矫正,$p < 0.05$。

4.1.4.3 负性情绪任务表现

在这一分析中我们计算了被试在观看负性和观看中性条件下对刺激图片的评分。通过配对样本T检验发现,被试对观看负性图片的评分显著高于观看中性图片评分($M ± SD = 1.22 ± 0.38$, $t = 33.33$, $p < 0.001$),如图4-2所示。

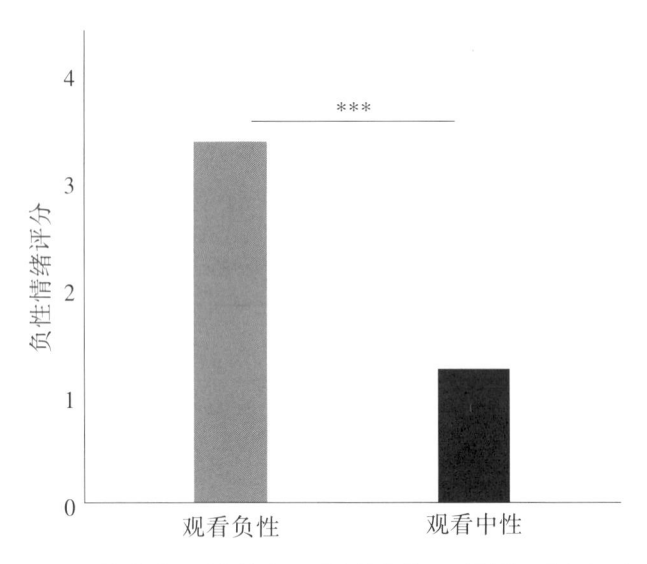

图 4-2 被试对观看负性和观看中性条件下对刺激图片的评分

4.1.4.4 自闭特质个体在观看负性—观看中性条件下的脑激活

在观看负性—观看中性条件下,大学生自闭特质个体大脑的右侧 MTG 脑区[peak MNI coordinate=48, −18, −18, $T = 5.12$, cluster size: 33; $p < 0.05$, FWE-corrected)]显著激活,如图 4-3 所示。

在观看负性—观看中性条件下,大学生自闭特质个体大脑的右侧 MTG 脑区[(peak MNI coordinate=48, −18, −18, $T = 5.12$, cluster size: 33; $P < 0.05$, FWE-corrected)]显著激活,如图 4-3 所示。

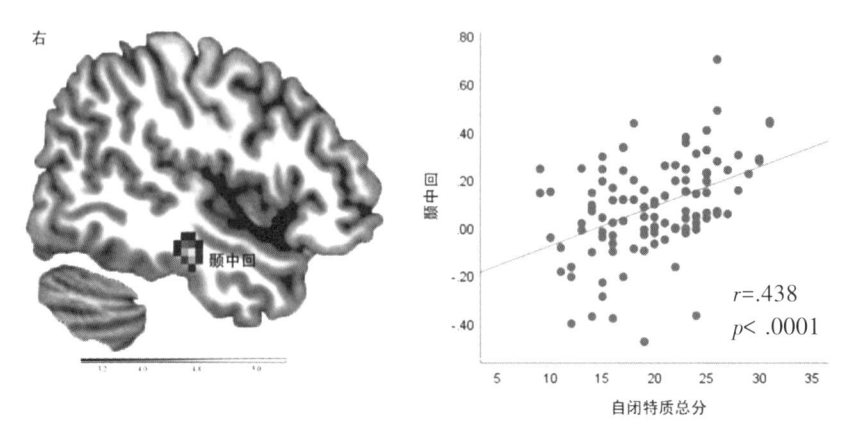

图 4-3 自闭特质个体在观看负性—观看中性条件下的大脑激活

4.1.4.5 中介分析结果

中介分析发现,MTG在AQ总分与负性情绪分数之间起着部分中介的作用。在这个中介模型中,AQ分数与MTG脑区呈显著的正相关关系($r = 0.4406, p < 0.0001$),MTG与负性情绪之间呈显著的正相关关系($r = 0.2176, p < 0.05$)。AQ总分与负性情绪分数之间呈负相关关系($r = -0.1150, p = 0.2564$)。如果c'与ab的乘积之间的符号相反,那么称其为不一致中介,ab/c'的绝对值为0.84。执行bootstrap抽样对中介效应进行估计,抽样次数bootstrap = 5000,结果显示置信区间为CI [0.0078, 0.1886]。也就是说MTG在AQ总分与负性情绪分数之间起着部分中介的作用,即AQ分数越高的个体其对负性图片与中性图片之间的评分差距越小,如图4-4所示。

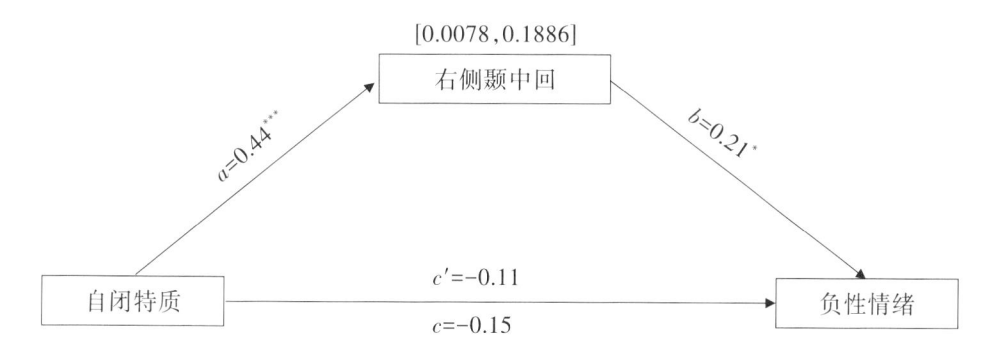

注:$^{*}p < 0.05, ^{***}p < 0.001$。

图4-4 中介分析结果

4.1.4.6 生理心理交互分析结果(gPPI)

为了检验AQ与负性情绪之间功能连接进行gPPI分析。在控制了性别、年龄之后,结果显示,AQ得分越高,则右侧MTG与左侧海马旁回之间的功能连接强度越大(MNI = -30, -18, -30, T = 4.46, cluster size = 66)。矫正标准为voxel threshold:p-uncorrected < 0.01 cluster threshold:p-uncorrected < 0.05。

4.2 实验4 大学生自闭特质个体抑制控制能力的神经基础——基于停止信号任务态的研究

4.2.1 实验目的

实验4探讨自闭特质个体的抑制控制能力,使用停止信号任务对大学生自闭特质的反应抑制能力进行探讨,可以更为深入地了解大学生自闭特质对信息进行统合以及集中注意力排除干扰刺激的能力,能够为临床ASD个体提供指导意见。同时对于自闭特质的认知神经机制的研究以及探究ASD病因,对于预测与干预均有重要的借鉴价值。

4.2.2 实验方法

4.2.2.1 被试

实验4共招募39名被试,其中共有30名被试完成AQ问卷测试。去掉1名头动大于3.0mm的被试,共有29名被试纳入本次实验。所有被试均为右利手,无神经或精神病史。所有被试在完成任务后均得到相应的报酬。

4.2.2.2 自闭特质问卷

实验4所采用的问卷信息与实验1相同,具体信息请参见实验1的自闭特质问卷描述部分。

4.2.2.3 停止信号任务(Stop-signal task)

正式实验包含32个stop试次,96个go试次。整个实验用时8分46秒。每个试次开始之前显示"+"注视点。在go试次条件下,要求被试对出现在屏幕中央的方向为左右的绿色箭头做出"1"或"2"按键反应。在stop试次条件下,屏幕上会首先出现绿色箭头,接着出现红色箭头,要求被试抑制产生的按键反应。绿色箭头与红色箭头之间的间隔(即停止信号延迟,Stop-Signal Delay,SSD)按照追踪算法(tracking algorithm)设置(Logan, Schachar, & Tannock, 1997)。开始时SSD设置为250ms。接着根据被试的反应做动态调整,分为两种情况,第一种为成功抑制,那么在下一个stop试次中为了增加任务难度,增加50ms;第二种情况为抑制失败,那么为了减少任务难度则减少50ms。这种追踪算法能使SSD呈阶梯式的动态变化,保证被试成功抑制50%的Stop试次,这时被试的停止信号反应时等于Go任务的执行反应时减去停止信号延迟,如图4-5所示。

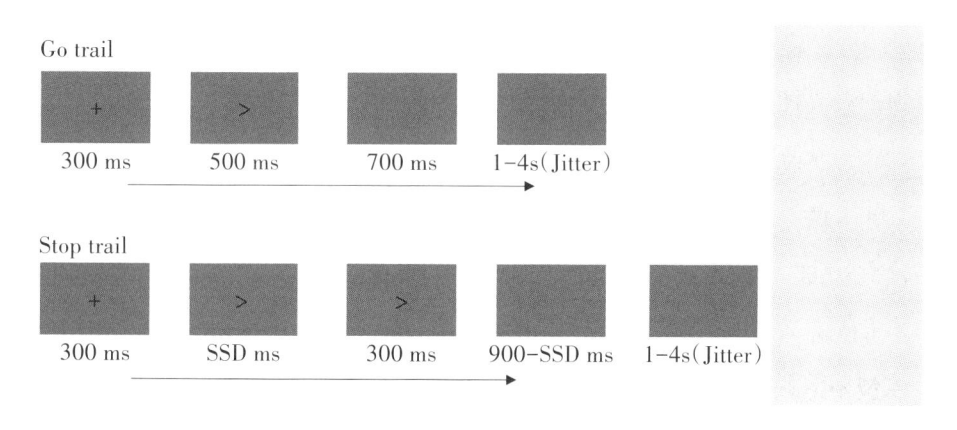

注:Go trail = 按键试次;Stop trail = 停止试次;SSD = 停止信号延迟;Jitter = 空屏时间。

图4-5 停止信号任务流程图

4.2.2.4 数据采集

首先在西南某高校的脑成像中心采集了被试的大脑核磁共振成像数据。扫描前告知被试实验过程中的注意事项,包括闭眼休息不要睡着、保持头部不要动,提醒被试佩戴降噪耳塞来避免噪声影响等,提示被试按照要求进行按键操作。使用EPI序列对数据进行处理,具体参数如下:层数为32层,层间距=1毫米,层厚=3毫米,TR = 2000毫秒,TE = 25毫秒,FOV = 220×220 mm^2,扫描矩阵=96×96,反转角 = 90°,sampling bandwidth = 250 kHz。

4.2.2.5 数据处理

每个被试的核磁共振图谱采用DPARSF(Yan & Zang, 2010)进行预处理,该软件基于SPM8运行。预处理基本流程为:首先对每一个被试的图像进行时间序列的配准,然后对图像进行头动的矫正,再用EPI模板将每个被试的图像进行空间标准化（Realigned），接着将数据重采样成分辨率为 3×3×3 mm³ 的体素（Normalize）。最后用4毫米的平滑核完成图像数据的高斯平滑。

4.2.2.6 独立主成分分析（group ICA）

研究使用CONN18b进行独立主成分分析。首先将自闭特质的数据通过"最小描述长度"准则（minimum description length, MDL）计算出最佳分解成分数25个，然后采用G1 FastICA和GICA3算法实现空间独立成分分析结果。将得到的独立图像与时间序列相对应的图像值进行Z分数转化。

4.2.2.7 以ICA成分为种子点做全脑功能连接分析

在一阶分析阶段，使用CONN18b工具包运用一般线性模型（general linear model, GLM）分别估计三种条件下的影响（Go task, stop-task, base），这三种条件由boxcar函数卷积血氧动力学水平（hemodynamic response function, HRF），在模型中回归性别、年龄以及6个头动参数。接着计算出每个被试在成功抑制—基线条件之间的脑图像，接下来计算整个大脑的活动模式，利用一阶分析获得的线性对比图来估计个体间的差异。

为了验证自闭特质个体在反应抑制—基线条件下，这些以ICA成分作为种子点到全脑的功能连接的神经基础，利用CONN来完成以上分析，首先计算每个被试在各个条件下的大脑图像，共有3种条件，分别是Go task, stop-task, base，接着建立每个被试在两个条件之间的脑图像，回归脑脊液、白质、ART-based scrubbing和6个头动参数。二阶分析中纳入了自闭特质得分、stop-task − base这一条件，为了减少低频漂移以及高频噪声的影响，采用 $0.01 < f < 0.1$ 的带通滤波。采用FDR（false discovery rate）cluster level $p < 0.05$, voxel level $p < 0.05$ 进行多重比较校正。

4.2.2.8 ROI-to-ROI 分析

为了从更确切、更具体的角度来探讨自闭特质的抑制反应能力的神经基础，接下来进行ROI-to-ROI分析，使用了power264模板（Power et al., 2011）以及 Human Brainnetome Atlas 模板（Fan et al., 2016）中的 28 个皮下组织脑区。采用 FDR seed-level $p < 0.05$ 进行多重比较校正。

4.2.3 实验结果

4.2.3.1 行为结果

被试生理学指标以及行为结果如表 4-4 所示，AQ 的平均分为 21.83，分数标准差为 4.86，分数分布为 14—30 分。

表 4-4 人口学以及行为学信息（N=29）

项目	均值（M）	标准差（SD）	范围
年龄	19.21	0.41	19—20
自闭特质总分	21.83	4.86	14—30
社交技能	4.14	2.10	1—8
注意转换	5.55	2.08	1—9
细节注意	5.86	2.29	0—9
交流	3.00	1.77	0—7
想象力	3.34	1.14	1—6

4.2.3.2 被试停止信号任务表现

实验 4 中被试停止信号任务中的行为指标我们使用 SSRT 来测量被试的反应抑制能力，被试的 SSRT 越长，那么就意味着被试的反应抑制能力越差。结果发现，被试的 AQ 分数越高，则 SSRT 的反应时越长，也就意味着自闭特质越严重的个体，其反应抑制能力越差，如表 4-5 所示。

表 4-5 自闭特质个体停止信号任务表现($N=29$)

项目	1	2	3	4	5	6	7
抑制反应时(SSRT)	—						
自闭特质总分	0.044*	—					
社交技巧	0.452	0.000	—				
注意转换	0.003**	0.000	0.012	—			
细节注意	0.404	0.139	0.040	0.371	—		
交流	0.051	0.000	0.001	0.026	0.091	—	
想象力	0.483	0.135	0.344	0.451	0.141	0.154	—

注：* $p<0.05$；** $p<0.01$。

4.2.3.3 group-ICA 分析结果

ICA 分类出的 25 个成分中的 15 个成分由于眼动、头动、血流、心脏跳动、心理噪声、运动以及扫描仪器带来的影响被去除。剩下的 10 个成分分布于 5 个脑网络,分别是默认网络(default mode network, DMN)、凸显网络(salience network, SN)、背侧注意网络(dorsalattention network, DAN)、额顶网络(frontoparietal network, FPN)和语义网络(lauguage network, LN)。接着将筛选出的成分做对全脑的功能连接分析,结果发现凸显网络(IC13)与左侧缘上回之间的功能连接强度减弱;背侧注意网络(IC20)与左侧舌回之间的功能连接强度减弱;额顶网络与左侧中央后回之间的功能连接增强;语义网络(IC7)与 vermis 4 5 之间的功能连接强度增强,与颞下回之间的功能连接减弱,如表 4-6 所示。

表 4-6 ICA 网络作为种子点与全脑之间的功能连接结果

脑网络种子点	团块大小	MNI 空间大小	$p_{FWE-corrected}$
语义网络			
小脑蚓部(+)	202	0, −52, 6	0.03
左侧颞下回(−)	172	−54, −46, −16	0.01
凸显网络			

续表

脑网络种子点	团块大小	MNI 空间大小	$p_{FWE-corrected}$
左侧缘上回(-)	425	-54, -42, 44	0.006
背侧注意网络			
左侧舌回(-)	466	-12, -72, 2	0.004
额顶网络			
左侧中央后回(+)	178	-20, -40, 56	0.008

注:"+"表示表头功能连接增强(increased functional connectivity);"-"表示功能连接减弱(decreased functional connectivity);MNI coordinates = 蒙特利尔脑成像坐标。

4.2.3.4 ROI-ROI分析

ROI-ROI分析可以进一步、更具体地来探讨大学生自闭特质的反应抑制能力的神经基础。结果发现三对减弱的功能连接以及四对增强的功能连接脑区,其中缘上回、中央后回、舌回以及颞叶这些脑区也出现在以ICA成分作为种子点对全脑的分析结果中,如表4-7所示。

表4-7 ROI-ROI分析结果

脑区	脑网络分配	MNI空间坐标	峰值	$p-_{FDR}$
左侧缘上回-右侧脑岛	凸显网络-凸显网络	(-53, -22, 23) (36, 22, 3)	6.12	0.0005
左侧楔前叶-右侧中央后回[a]	记忆网络-额顶网络	(-7, -71, 42) (47, -30, 49)	-5.35	0.0040
右侧枕中回-左侧海马旁回	默认网络-默认网络	(43, -72, 28) (-26, -40, -8)	5.00	0.0101
左侧顶下小叶-左侧颞中回	背侧注意网络-默认网络[a]	(-28, -58, 48) (-56, -13, -10)	4.85	0.0151
左侧顶上小叶-左侧颞中回	背侧注意网络-默认网络[a]	(-17, -59, 64) (-46, -61, 21)	4.78	0.0180

续表

脑区	脑网络分配	MNI空间坐标	峰值	$p-_{FDR}$
右侧楔前叶-右侧中央后回	默认网络-额顶网络 a	(6, -59, 35) (47, -30, 49)	-4.78	0.0182
右侧眶额叶-左侧脑干	DMN-Subcortical	(8, 42, -5) (-5, -28, -4)	-4.45	0.0427
右侧颞中回-左侧舌回	腹侧注意网络-视觉网络 a	(51, -29, -4) (-15, -71, -8)	4.39	0.0499

注：感兴趣脑区由 Power 模板定义，这一结果同样出现在以脑网络作为种子点对全脑的分析结果中。

4.3 讨论

4.3.1 大学生自闭特质负性情绪加工过程的神经基础的讨论

实验3采用认知重评任务中观看负性—观看中性条件对大学生自闭特质的社会知觉能力尤其是负性情绪加工过程进行研究。激活分析结果发现，被试在进行负性情绪处理时，激活了大脑右侧MTG。中介分析发现MTG在AQ与负性情绪处理之间起着部分中介的作用，按遮掩效应立论。AQ分数越高，被试对负性图片与中性图片进行评价的差距越小，即自闭特质越高的个体，对负性图片与中性图片进行评价时，其心理活动的变化越来越小。gPPI分析发现，AQ分数越高，大学生自闭特质个体的右侧MTG与海马旁之间的连接强度越强。

首先，MTG在社会交往功能中起着重要的作用(Schilbach, 2015)。我们在一项面部识别任务中发现，先天性面部失认患者的颞叶存在激活与功能连接降低的情况。另一项研究表明，被试在识别单词与面孔的实验中，均依赖于精确的视觉表征，这是通过将视觉区域和语言脑区结合起来，并保持较短的功能连接长度来实现的。Cohen的研究表明，大脑的梭状回、颞上沟和枕颞区域共同参与了面孔识别过程。在识别面部表情实验中，一些常见表情例如厌恶、开心以及中性表情与 MTG、IPL 和 IFG 是显著相关的，并且这些脑区是通过触觉反馈而非视觉反应而激活的（Kitada, Johnsrude, Kochiyama, & Lederman, 2010）。个体在社会线索的探索与处理过程中，颞上回被认为参与分析他人行为的意图，并且当个体对周围环境较为敏感时，该脑区就会表现出高激活。在另外一项关于社会信号任务的研究中，个体 MTG 脑区神经反应的变化是随着视线的变化而变化的，这意味着个体倾向于在内隐心理推断任务中激活与心理状态推断相关的脑区，这说明在内隐推断任务中涉及的视觉社会信号，是高级认知发展的基础（Sugiura et al., 2014）。

第二，MTG 在中介分析中发现，其部分中介了 AQ 与负性情绪之间的关系。这一分析进一步说明，高自闭特质个体在进行负性图片与中性图片加工的过程中，其差距是在逐渐缩小的。而从某种程度上来说，差异变小可能是大学生自闭特质个体大脑发育的特质性造成的。通常来说，AQ 分数越高的个体，其负性情绪的体验应该更强烈，但在本研究中，MTG 中介了 AQ 与负性情绪之间的关系，使其感知负性情绪的强度降低。造成这一结果的原因可能是，自闭特质个体在进行负性情绪加工过程中，MTG 的过度激活使其更倾向于去推理该负性刺激图片中发生了什么，而不是类似于正常人群的反应——回避危险。也就是说，高自闭特质个体可能缺乏回避危险的能力。

第三，gPPI 分析发现 MTG 与海马旁之间的功能连接强度增强，海马旁在个体的无意识编码中扮演着重要的角色（Duss et al., 2014）。MTG 与 PHG 之间功能连接增强可能意味着大学生自闭特质个体在经历负面情绪时，由于长期居于较高水平的负性体验。在进行负性情绪任务时，其对危险信息进行的是推断也不是回避危险倾向，即无意识地对负面信息进行自动编码。

4.3.2 大学生自闭特质个体反应抑制能力的神经基础的讨论

实验 4 中被试的停止信号任务表现结果表明，大学生自闭特质个体在进行停止信号任务时,AQ 分数越高,SSRT 的反应时越长。反应时的增长意味着大学生自闭特质的抑制控制能力较弱。大量研究表明,抑制控制是执行功能的核心成分之一(Chung, Weyandt, & Swentosky, 2014)。抑制控制能力良好的个体在执行任务的过程中有能力避免一些不当的或不良的反应。同时良好的抑制控制能力在个体成长过程中会对社会认知功能产生重要影响(Barendse et al., 2013)。

有研究认为抑制控制在执行控制与心理理论之间起着重要的作用,在控制了言语与工作记忆的影响后,抑制控制依然与心理理论之间有着显著的相关关系。社会认知功能是心理理论的重要内容之一,在复杂的社会交往过程中,屏蔽非重要信息、专注重要信息的能力对于从儿童时期到大学生时期均有重要的影响,对他们的工作、学习、生活等方面的影响是持续性的。

groupICA 分析发现,ICA 成分主要集中在凸显网络、背侧注意网络、额顶网络以及言语网络。而以这些 ICA 成分作为种子点做对全脑的功能连接发现:第一,语义网络与 Vermis4 5 脑区的功能连接显著增强,与 ITG 脑区的功能连接显著降低。小脑蚓部与 ASD 之间一直有着密切的联系。很多研究从结构到功能、从月龄开始至年龄的各个阶段,均对两者之间的关系进行了研究。有研究指出,相对于控制组,自闭特质个体的小脑蚓和脑干的体积较小,这说明自闭症患者从幼年期开始,其小脑蚓结构在解剖学上就发生了改变,也就意味着 ASD 个体与正常人相比其大脑生长基础发生了改变。有研究发现小脑蚓与眼部的注视时间呈显著的负相关关系,这在一定程度上说明 ASD 个体的小脑蚓区域对于视觉信息处理过程有着重要的作用(Laidi et al., 2017)。同时我们也发现了言语网络与 ITG 之间的连接降低,从以往的研究中可以看出 ITG 是语义网络中的重要脑区之一,其连接强度降低说明自闭特质个体受到神经发育异常的影响,其语义功能与普通人相比是存在差距的。第二,凸显网络与缘上回之间的连接减弱,缘上回是顶下小叶的一部分,凸显网络在大脑功能中负责对接收到的信息进行筛选,进而将其分配到大脑的其他脑区,而顶下小叶属于凸显网络的内部网络(Bressler & Menon, 2010)。凸显网络内的功能连接减弱,说明其并没有充分发挥合理分配刺激的功能,以至于自闭特质个体在执行抑制控制任务时,并没有接收到足够多的信号。第三,背侧注意网络与舌回之间的功能连接减弱。背侧注意网络在大脑功能分区中主要负责自上而下的注意定向,被试在执行任务的过程中,按照任务要求进行反应时,背侧注意网络就会持续激活,以保证任务顺利完成,舌回与视觉记忆、视觉表征有关。并且舌回通常参与到视觉表象形成的过程之中,而背侧注意网络与舌回之间的连接减弱表明,自闭特质个体在进行反应抑制任务的过程中并不能很好集中注意力,造成被试在执行任务的过程中,自闭特质越高的个体其SSRT越长。第四,额顶网络与中央后回之间的连接增强,右侧额顶网络是主要负责执行控制功能的网络(Duan et al., 2017),而中央后回是感觉运动区的主要脑区之一(Paakki et al., 2010),在一定程度上说明自闭特质个体在执行反应抑制任务时,其受到其他功能区的干扰,而不能很好地避免这种干扰。同样这些脑区也出现在了ROI-ROI的研究中,也从另一个侧面验证了这四个脑区在自闭特质个体的反应抑制能力中的特异性发展,在一定程度上说明这些脑区在其中起到的生物学标记作用。

第5章 大学生自闭特质的风险因素及其神经机制

虽然众多的影响因素均对自闭特质产生影响,但现有研究多从行为层面上进行研究,鲜有结合大脑的神经机制对自闭特质的大脑功能进行探讨,且并没有进行分类,哪些因素是促使或引起自闭特质风险的因素,以及对于自闭特质较高的个体,哪些因素会促使其症状加重,即属于扩大、增加风险的潜在因素,是造成其自闭特质严重转变的间接或内在原因。

大五人格是包含神经质、外倾性、开放性、宜人性与责任心五部分在内的综合评定个体人格特质的工具(DeYoung, Quilty, & Peterson, 2007)。大五人格中的开放性代表了个体心理与生活经验的深度、广度、特异性以及复杂性;责任心体现了个体在进行社会活动的过程中,对于社会规则的冲动控制与注意任务和目标导向的行为,如行动前对于遵守规则所做的思考与延迟满足,以及计划、组织、确定任务的优先级等;外倾性体现了个体对社会交往以及物质社会的积极的态度,包括积极地进行社会交往、参与社会活动以及自信、积极的情绪特征等;宜人性是指利他行为、温和的心态、信任和谦逊等特征,其与神经质人格(焦虑、抑郁、紧张)在一定程度上是相反的。大量研究表明,不同人格类型的个体其在认知功能上是存在明显差异的(Guilera, Batalla, Forne, & Soler-Gonzalez, 2019)。其中不乏关于 ASD 与人格之间关系的研究,Austin 的研究指出 ASD 得分越高的个体其神经质得分越高,高神经质的个体其抑郁与焦虑水平也很高,而外向性与宜人性得分则变低。更有元分析研究发现,自闭特质与大五人格各个量表均呈现负相关关系。在 ASD 群体中探讨大五人格可以帮助我们增强对危险因素、ASD 致病因素、病理生理学、病程与治疗干预的理解(Kotov et al., 2017)。

  ASD 的核心症状之一是社会交往障碍(Baron-Cohen, Wheelwright, Skinner, et al., 2001),影响其社会交往的原因有很多,最明显的是自闭特质个体在与他人进行交流的过程中可能存在交流恐惧。以往研究表明,交流恐惧与家庭环境、自尊、自我价值感、羞怯心理以及性格等均有关系(Wombacher, Harrington, Scott, Helme, & Martin, 2019)。在真实交流或想象交流过程中产生的焦虑与恐惧可能并不是单一因素引起的,神经性发育异常可能是其原因之一,但关于这方面的研究较少且不全面,在本研究中我们将探讨自闭特质与交流恐惧的脑机制,在一定程度上帮助自闭特质个体减少交流恐惧对其产生的负面影响。

  自闭特质个体在经历负性情绪时,其并不能很好地对这种情绪进行处理,而是长时间处于这种情绪状态之中,以往的大量研究证实了这一点(Alaerts, Woolley, Steyaert, Di Martino, Swinnen, & Wenderoth, 2014)。造成这种状况的原因,有的研究推测是在自闭特质个体经历负性事件时,其自身较弱的注意转换能力加剧了个体负性情绪的沉浸水平(Denson, 2013)。长期的负面情绪会转化为愤怒,并产生报复的想法,而愤怒本身对个体的身心健康以及对周围环境的互动均有所影响,在一项研究中表明,愤怒可以预测个体的攻击行为。

总的来说,自闭特质个体在社会交流以及情绪方面的缺陷与不足导致的认知缺陷,对于大学生自闭特质个体来说是风险因素,例如人格特质、交流恐惧等。对这些影响因素进行研究,可以了解精神疾病发展过程中亟须注意的因素,为干预与治疗提供指导性意见。

5.1 实验5 神经质对大学生自闭特质的影响及其神经机制

5.1.1 实验目的

已有研究表明神经质等因素可能是自闭特质的风险因素,但是对于其影响自闭特质的神经机制还缺乏直接的研究。因此,实验5将进一步证明神经质对于自闭特质的影响,并基于研究一的大脑结构和功能基础,采用基于ROI的中介分析方法,探讨神经质人格特质影响自闭特质的大脑结构和功能基础。

5.1.2 实验方法

5.1.2.1 被试

实验5共有365人(男:101人,年龄分布:18—26岁,均值:21.01岁,标准差:1.26)完成了AQ问卷、大五人格问卷以及核磁扫描。其与实验1为同一批被试。首先,所有被试由两名经过专业培训的研究生对其进行结构化DSM-IV访谈,本次实验所有被试均在DSM-IV的诊断标准之外。其次,所有的被试需填写自查量表,主要排除是否存在严重颅内损伤、药物滥用、高血压或心血管疾病。所有被试均是右利手且无任何精神病历史,视力或矫正视力正常,所有被试均签署了知情同意书且获得相应报酬。

5.1.2.2 自闭特质问卷

实验5所采用的问卷信息与实验1相同,具体信息请参见实验1的自闭特质问卷描述部分。

5.1.2.3 大五人格问卷

大五人格问卷共有240题，分为5个子维度，分别是神经质、外倾性、开放性、宜人性和责任心，每个维度下又有6个子维度。该问卷采用五点计分方式，1为非常同意，5为非常不同意。本研究中使用的是其汉化版本，该版本被广泛应用于中国人样本上，具有良好的信效度。各个维度的总分代表该维度的维度分。

5.1.2.4 数据处理

实验5主要研究大五人格中的神经质人格特质对于自闭特质的大脑结构的影响。首先对实验1中与自闭特质相关的脑区进行信号值提取，得到每个被试的灰质密度的值，接着进行数据分析。

5.1.2.5 数据分析

实验5的目的是探讨神经质人格特质对自闭特质的大脑结构的影响，因此本实验采用基于ROI的中介分析方法，使用基于SPSS 25的PROCESS 3.3进行分析，将神经质得分作为自变量，AQ总分作为因变量，中介变量是从实验1中提取的自闭特质个体的额中回灰质密度的值。在这个中介模型中，将性别、年龄、全脑灰质密度作为协变量进行回归，执行bootstrap抽样对中介效应进行估计，抽样次数bootstrap = 5000，使用95%的置信区间且置信区间不包含0来验证该中介模型的可信度。

5.1.3 实验结果

5.1.3.1 行为结果

被试的人口学信息以及行为信息如表5-1所示。结果发现，被试的神经质得分与AQ总分以及与各个子量表得分均呈显著的相关关系，其中AQ总分与神经质得分呈显著的正相关关系，即自闭特质分数越高的个体其神经质得分也越高。

表 5-1 人口学信息以及行为信息汇总

项目	均值(M)	标准差(SD)	与神经质相关性(r)
性别（男：101人）	—	—	—
年龄	21.01	1.26	—
自闭特质总分	19.41	5.28	0.259**
社会交往	3.66	2.50	0.215**
注意转换	5.08	1.64	0.378**
细节注意	4.65	2.15	−0.152**
交流	3.08	1.94	0.253**
想象力	2.93	1.64	0.028

注：**$p < 0.01$。

5.1.3.2 中介分析结果

中介分析结果发现，神经质得分与自闭特质总分之间存在显著正相关关系，即直接效应 c 是显著的，接着验证系数 a 和 b，结果发现，神经质得分与额中回灰质密度存在显著的正相关关系，额中回灰质密度与自闭特质得分之间亦存在显著的正相关关系，神经质通过中介变量额中回灰质密度对自闭特质总分起着部分中介的作用，间接效应为 0.02，置信区间为[0.0037,0.0450]，中介模型效应量为 a*b/c = 0.085，如图 5-1 所示。

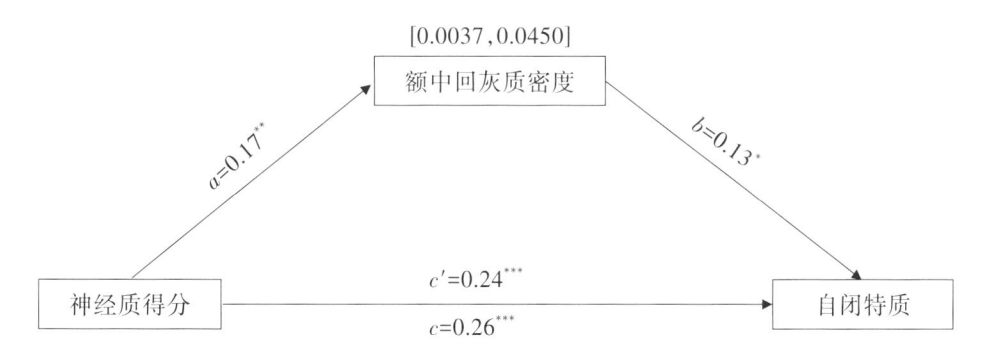

[0.0037,0.0450]

额中回灰质密度

$a=0.17^{**}$ $b=0.13^{*}$

神经质得分 → 自闭特质
$c'=0.24^{***}$
$c=0.26^{***}$

注：*$p<.05$，**$p<.01$，***$p<.001$。

图 5-1 额中回灰质密度在神经质与自闭特质之间起着部分中介的作用

5.2 实验6 交流恐惧对大学生自闭特质的影响及其神经机制

5.2.1 实验目的

已有研究表明社会交往障碍是自闭特质个体的核心障碍之一。交流恐惧等因素可能是自闭特质的风险因素，但是对于其影响自闭特质的神经机制还缺乏直接的研究。因此，实验6将进一步研究交流恐惧对于自闭特质的影响，并基于研究一的大脑结构和功能基础，采用基于ROI的中介分析方法，探讨交流恐惧对自闭特质个体影响的神经机制。

5.2.2 实验方法

5.2.2.1 被试

实验6共同完成AQ问卷、愤怒沉浸问卷以及核磁成像扫描的被试共有359人，采集了被试的人口学变量。其与实验1为同一批被试。首先，所有被试由两名经过专业培训的研究生对其进行结构化DSM-IV访谈，本次实验所有被试均在DSM-IV的诊断标准之外；其次所有的被试需填写自查量表，主要排除是否存在严重颅内损伤、药物滥用、高血压或心血管疾病。所有被试均是右利手且无任何精神病史，视力或矫正视力正常，所有被试均签署了知情同意书且获得相应报酬。

5.2.2.2 自闭特质问卷

实验6所采用的问卷信息与实验1相同，具体信息请参见实验1的自闭特质问卷描述的部分内容。

5.2.2.3 交流恐惧自陈量表

交流恐惧是指个体在与个体或集体进行交流的过程中产生的恐惧心理。该量表有四个子维度，分别是小组分、会议分、二人分和公共分，交流恐惧总分为各维度的总分。分维度的分为范围从6分(低交流恐惧)到30分(高交流恐惧)，总分范围是24—120分。分数越高，表示其交流恐惧程度越高。

5.2.2.4 数据处理

实验6主要研究自闭个体的交流恐惧对于自闭特质个体的大脑结构的影响。首先对实验1中与自闭特质相关的脑区进行信号值提取,得到每个被试的灰质密度的值,接着进行数据分析。

5.2.2.5 数据分析

实验6的目的是探讨个体的交流恐惧对自闭特质的大脑结构的影响。因此该实验采用基于ROI的中介分析方法,使用基于SPSS 25的PROCESS 3.3进行分析,将交流恐惧得分作为自变量,AQ总分作为因变量,中介变量是从实验1中提取的自闭特质个体的顶上小叶灰质密度的值。在这个中介模型中,将性别、年龄、全脑灰质密度作为协变量进行回归,执行bootstrap抽样对中介效应进行估计,抽样次数bootstrap = 5000,使用95%的置信区间且置信区间不包含0来验证该中介模型的可信度。

5.2.3 实验结果

5.2.3.1 行为结果

被试的人口学信息以及行为信息如表5-2所示。结果发现,被试的AQ总分与交流恐惧中的小组分呈显著的正相关关系,AQ各个子量表与小组分均呈显著的相关关系,即自闭特质分数越高的个体更容易在小组交流的过程中产生害怕、恐惧情绪。

表5-2　人口学信息以及行为信息汇总

项目	均值(M)	标准差(SD)	与小组分相关性(r)
性别(男:96人)	—	—	—
年龄	21.01	1.28	—
自闭特质总分	19.52	5.28	0.369**
社会交往	3.70	2.48	0.325**
注意转换	5.13	1.63	0.215**
细节注意	4.67	2.10	−0.004

续表

项目	均值(M)	标准差(SD)	与小组分相关性(r)
交流	3.11	1.94	0.295**
想象力	2.91	1.64	0.137**

注：**$p<0.01$；*$p<0.05$；小组分：以小组为单位进行讨论。

5.2.3.2 中介分析结果

中介分析结果发现，自闭特质总分与交流恐惧小组分之间存在显著正相关关系，即直接效应 c 是显著的，接着验证系数 a 和 b，结果发现，小组分与顶上小叶灰质密度之间存在显著的负相关关系，顶上小叶灰质密度与自闭特质得分之间亦存在显著的负相关关系，顶上小叶灰质密度在交流恐惧与自闭特质得分之间起着部分中介的作用，间接效应为 0.017，置信区间为 [0.0017, 0.0383]，中介模型效应量为 $a*b/c = 0.048$，如图 5-2 所示。

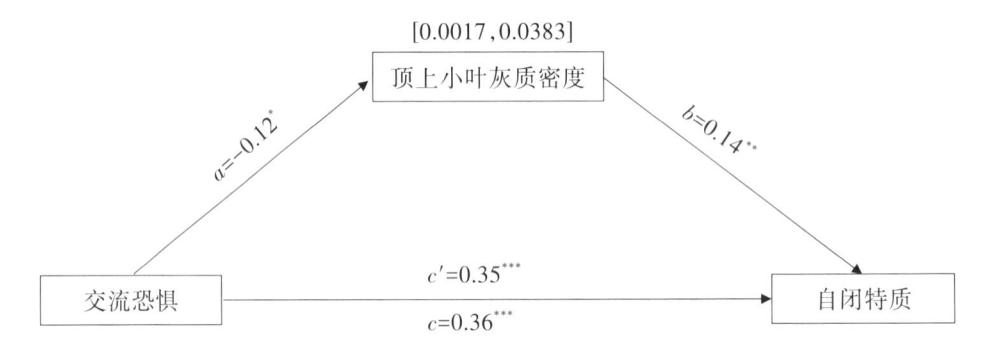

注：*$p<.05$，**$p<.01$，***$p<.001$。

图 5-2 顶上小叶灰质密度在交流恐惧与自闭特质之间起着部分中介的作用

5.3 讨论

5.3.1 神经质对大学生自闭特质的影响及其神经机制讨论

大学生群体大部分处于求学阶段，作为特殊重要的群体，较高的心理健康问题逐渐引起学校、家庭及社会的广泛关注与重视。这一阶段亦是其人格形成的重要时期。实验6相关分析与中介分析的结果表明,神经质人格特质与大学生自闭特质之间有着显著的正相关关系。神经质反映的是个体体验消极情绪的倾向或情绪的不稳定性。大量的研究表明,高自闭特质个体,其同样具有高神经质得分(Suh et al., 2016)。一项关于ASD与神经质共性的研究发现,ASD与神经质存在共性的方面是与遗传有关的特性,且不受性别影响,即神经质与ASD特征间共有遗传影响,在大学生群体中,以神经质为指标的遗传和独特的环境风险因素与ASD的风险因素之间存在重叠关系(S. H. Park et al., 2017)。并且多元回归分析发现,大五人格的分数能够对AQ的分数进行预测,表现出高神经质特点。并且有研究结果表明,自闭特质可以作为大五人格之外的第六种人格特质。从以上研究可以看出,自闭特质与大五人格之间有着密切的关系,并且对于自闭特质个体来说神经质人格特质是危险因素之一。

中介分析发现,额中回灰质密度在神经质得分与自闭特质之间起着部分中介的作用。额中回是社会交往互动的关键脑区之一(Stevenson et al., 2018)。同时该脑区在个体计划、灵活性、执行功能和工作记忆等认知功能中均扮演着重要的角色(Craig et al., 2016)。神经质得分较高的个体其情绪稳定性较差,执行功能也不完善,实验5发现神经质得分与额中回之间存在显著的正相关关系,这与自闭特质得分与额中回之间的正相关关系相同(Schwartzman, Wood, & Kapp, 2016)。这也说明,神经质对自闭特质个体来说是一个风险因素。

5.3.2 交流恐惧对大学生自闭特质的影响及其神经机制讨论

自闭特质的核心症状之一是社会交往障碍,而社会交往最直接的体现是个体在现实中或想象中与他人顺利交流的过程。社会交往交流出现障碍对于个体来说并不利于其融入社会生活。

实验6发现,自闭特质得分与交流恐惧得分之间存在显著的相关关系,包括 AQ 子维度,除细节注意之外,社会交往、注意转换、交流以及想象力均与交流恐惧中的子维度小组分呈显著的正向关系。这一结果表明,自闭特质个体与 ASD 个体一样,均存在社会交往障碍,只是自闭特质个体的症状较轻。AQ 总分与会议分、二人分、公众分之间相关效应并不显著。这可能是因为,由于交流恐惧得分是以问卷的形式进行填写的,被试根据记忆想象自己在各个情境下的交流感受,这可能会造成在二人分的情境下,被试想象的是与自己熟悉信任的人交流,可能并不会出现恐惧情绪。而会议分数和公众分数由于人数较多,可能并不会轮到自己发表言论,也不会感到恐惧。而小组分数由于人数较少且存在不熟悉的人群,自己发言的概率较高,反而最容易引起自闭特质个体的恐惧情绪(Jibeen, Baig, & Ahmad, 2019)。

中介分析发现顶上小叶在交流恐惧与 AQ 总分之间起着部分中介的作用,从模型中我们可以看出。交流恐惧与顶上小叶之间存在着显著的负相关关系,顶上小叶与自闭特质之间存在着显著的负相关关系,也就是说,AQ 分数越高的个体其顶上小叶的灰质密度减少了,交流恐惧分数越高的个体其顶上小叶的体积也变小了。大量研究表明 SPL 在认知控制与细节注意方面起着重要的作用(Qiu et al., 2018)。自闭特质个体在以小组为单位进行交流的过程中,可能会由于太过注意周围环境而紧张焦虑,进而产生交流恐惧行为。由此看来,交流恐惧在一定程度上会加重自闭特质个体的自闭症状,而 SPL 脑区的异常发展可能会造成大学生自闭特质个体的社交任务转换失败(Vartanian, Beatty, Smith, Blackler, Lam, & Forbes, 2018),这是大学生自闭特质个体应引起警觉的风险因素之一。

第6章　大学生自闭特质的保护因素及其神经机制

　　自闭特质与人格的研究结果表明,自闭特质的严重程度与大五人格中外倾性、开放性、宜人性之间呈显著的负相关关系,即外倾性与开放性程度越高的个体,其自闭程度越低。外倾性指的是自信与活跃的程度,开放性指的是审美、接纳与创意。大学时期是人格形成的重要时期,有研究表明,高外倾性、高开放性等有利于身心健康,而且外倾性与开放性对大学生的身心健康有显著的预测作用,并且提高外倾性与开放性水平可以降低多数精神疾病与躯体疾病的发生率。

6.1 实验 7 外倾性对大学生自闭特质的影响及其神经机制

6.1.1 实验目的

已有研究已经探明大五人格与自闭特质之间存在密切的关系。但是对于其影响自闭特质的神经机制还缺乏直接的研究。因此，实验 7 将进一步证明外倾性对于自闭特质的影响，并基于研究 1 的大脑结构和功能基础，采用基于 ROI 的中介分析方法，探讨外倾性人格特质影响自闭特质的大脑结构和功能基础。

6.1.2 实验方法

6.1.2.1 被试

实验 7 与实验 5 中的被试人数相同，被试信息相同，详情请参见实验 5 被试的信息部分。

6.1.2.2 自闭特质问卷

实验 7 所采用的问卷信息与实验 1 相同，具体信息请参见实验 1 的自闭特质问卷描述的部分内容。

6.1.2.3 大五人格问卷

实验 7 所采用的问卷信息与实验 5 相同，具体信息请参见实验 5 的大五人格问卷描述的部分内容。

6.1.2.4 数据处理

实验 7 主要研究大五人格中的外倾性人格特质对大学生自闭特质的影响及其神经机制。首先对实验 1 中与自闭特质相关的脑区进行信号值提取，得到每个被试的灰质体积与灰质密度的值，接着进行数据分析。

6.1.2.5 数据分析

该实验采用基于 ROI 的中介分析方法，使用基于 SPSS 25 的 PROCESS 3.3 进行分析，将外倾性得分作为自变量，AQ 总分作为因变量，中介变量是从实验1中提取的自闭特质个体的顶上小叶灰质密度的值。在这个中介模型中，将性别、年龄、全脑灰质密度作为协变量进行回归，执行bootstrap抽样对中介效应进行估计，抽样次数bootstrap = 5000，使用95%的置信区间且置信区间不包含0来验证该中介模型的可信度（Preacher & Hayes, 2008）。

6.1.3 实验结果

6.1.3.1 行为结果

被试的人口学信息以及行为信息如表6-1所示。结果发现，被试的外倾性总分与AQ总分以及各个子量表均呈显著的负相关关系，即自闭特质分数越高的个体其外倾性的得分就越低。

表6-1 人口学信息以及行为信息

项目	均值(M)	标准差(SD)	与外倾性相关性(r)
性别	—	—	—
年龄	21.01	1.26	—
自闭特质总分	19.41	5.28	−0.47**
社会交往	3.66	2.50	−0.53**
注意转换	5.08	1.64	−0.30**
细节注意	4.65	2.15	0.15**
交流	3.08	1.94	−0.26**
想象力	2.93	1.64	−0.29**

注：** $p < 0.01$。

6.1.3.2 中介分析结果

中介分析结果发现，外倾性得分与顶上小叶灰质密度存在显著的正相关关系，与自闭特质得分之间存在显著的负相关关系，顶上小叶灰质密度在外倾性与自闭特质总分之间起着部分中介的作用，间接效应为0.02，置信区间[−0.0377, −0.0020]，中介模型效应量为 $a*b/c = 0.04$，如图6-1所示。

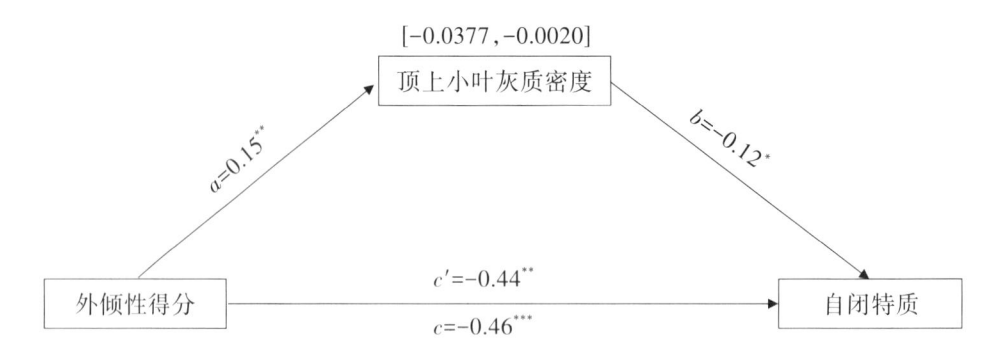

图 6-1　顶上小叶灰质密度在外倾性与自闭特质之间起着部分中介的作用

注：$^*p<.05$，$^{**}p<.01$，$^{***}p<.001$。

6.2 实验 8 开放性对大学生自闭特质的影响及其神经机制

6.2.1 实验目的

同样，实验 8 的目的在于探讨开放性人格特质对大学生自闭特质个体的影响及其神经机制的研究，进一步证明开放性对于自闭特质的影响，并基于研究 1 的大脑结构和功能基础，采用基于 ROI 的中介分析方法，提取相关脑区信号值，探讨开放性人格特质影响自闭特质的大脑结构和功能基础。

6.2.2 实验方法

6.2.2.1 被试

实验 8 与实验 5 中的被试人数相同，被试信息相同，详情请参见实验 5 被试信息部分。

6.2.2.2 自闭特质问卷

实验 8 所采用的问卷信息与实验 1 相同，具体信息请参见实验 1 的自闭特质问卷描述部分的内容。

6.2.2.3 大五人格问卷

实验 8 所采用的问卷信息与实验 5 相同，具体信息请参见实验 5 的大五人格问卷描述部分的内容。

6.2.2.4 数据处理

首先对实验1中与自闭特质相关的脑区进行信号值提取,得到每个被试的灰质体积与灰质密度的值,接着进行数据分析。

6.2.2.5 数据分析

该实验采用基于ROI的中介分析方法,使用基于SPSS 25的PROCESS 3.3进行分析,将开放性得分作为自变量,AQ总分作为因变量,中介变量是从实验1中提取的自闭特质个体的顶上小叶灰质密度的值。在这个中介模型中,将性别、年龄、全脑灰质密度作为协变量进行回归,执行bootstrap抽样对中介效应进行估计,抽样次数bootstrap = 5000,使用95%的置信区间且置信区间不包含0来验证该中介模型的可信度(Preacher & Hayes, 2008)。

6.2.3 实验结果

6.2.3.1 行为结果

被试的人口学信息以及行为信息如表6-1所示。结果发现,被试的开放性总分与AQ总分以及各个子量表均呈显著的负相关关系,即自闭特质分数越高的个体其开放性的得分就越低。

表6-2 人口学信息以及行为信息

项目	均值(M)	标准差(SD)	与开放性相关性(r)
性别	—	—	—
年龄	21.01	1.26	—
自闭特质总分	19.41	5.28	−0.20**
社会交往	3.66	2.50	−0.20**
注意转换	5.08	1.64	−0.12*
细节注意	4.65	2.15	0.17**
交流	3.08	1.94	−0.20**
想象力	2.93	1.64	−0.18**

注:** $p < 0.01$。

6.1.3.2 中介分析结果

中介分析结果发现,开放性得分与顶上小叶灰质密度之间呈显著正相关关系,顶上小叶灰质密度与自闭特质之间呈显著负相关关系,开放性得分与自闭特质得分之间呈显著负相关关系。顶上小叶灰质密度中介了开放性得分与自闭特质得分之间的关系,间接效应为-0.02,置信区间[-0.0427,-0.0044],中介模型效应量为 $a*b/c = 0.12$,如图6-2所示。

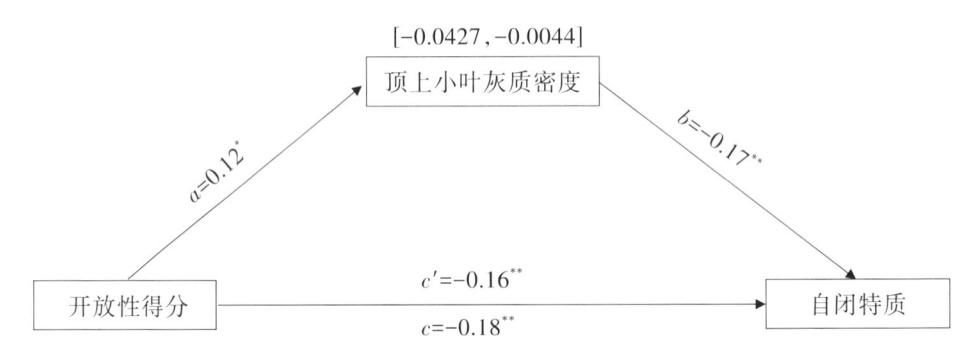

注:$^*p<.05$,$^{**}p<.01$,$^{***}p<.001$。

图6-2 顶上小叶灰质密度在开放性与自闭特质之间起着部分中介的作用

6.3 讨论

6.3.1 外倾性对大学生自闭特质的影响及其神经机制的讨论

人格特质与自闭特质之间的研究一直受到广泛的关注。研究指出,具有自闭特质的个体为了在社会交往过程中表现正常,通常会掩饰(camouflaging)或者用其他行为进行补偿,这种掩饰行为与外倾性、宜人性、责任心呈显著的负相关关系(Robinson, Hull, & Petrides, 2020)。有综述文章发现,自闭特质的严重程度与外倾性、开放性、宜人性与责任心等呈显著的负相关关系,同时自闭特质与偏执、分裂、回避与强迫性呈显著的正相关关系(Vuijk, Deen, Sizoo, & Arntz, 2018)。大学时期是人格形成的关键时期,对于自闭特质较高的个体来说,提高其外倾性可以缓解其自闭症状。在实验7中我们发现,外倾性与AQ

总分及各个子量表之间均呈显著的负相关关系,即外倾性人格特质越高的个体其自闭特质越低。并且中介分析发现,顶上小叶的灰质密度部分中介了外倾性得分与自闭特质得分之间的关系,即顶上小叶灰质密度随着外倾性得分的增加而增加,但随着自闭特质得分的升高而降低。顶上小叶在认知功能中多与认知控制、细节注意等功能相关。而大脑发展方面的研究发现,顶上小叶在大学生时期是发展的顶峰,而后逐渐趋向稳定(Modrono et al., 2019)。大学生自闭特质在顶上小叶灰质密度上的减少可能是由于其不能对社交信息进行准确识别所导致的。

6.3.2 开放性对大学生自闭特质的影响及其神经机制的讨论

实验8也发现顶上小叶的灰质密度部分中介了开放性得分与自闭特质得分之间的关系,即开放性得分越高的个体,其顶上小叶灰质密度越高,与之相反的是顶上小叶灰质密度越高,自闭特质的得分越低。有研究指出,开放性人格特质是属于愉悦人格,个体更愿意去冒险,去参加一些社交活动。面对有自闭特质的大学生时,鼓励其参加社交活动,鼓励其在社交活动中踊跃发言,可以在一定程度上对大学生自闭特质个体起到保护作用。有研究发现,开放性人格特质对自闭特质的总分有显著的预测作用,开放性在抑郁与焦虑之间均起着较强的中介作用(Murray & O'Neill, 2019)。并且在存在自闭特质成员的家庭中,其亲属容易出现社交障碍、重复行为等症状。自闭特质的典型症状——社交障碍与刻板行为,在一定程度上反映出,其本身与家庭成员可能存在较为独特的人格特征。在Kanner提出自闭症儿童的父母对于社交缺乏兴趣,并且没有与他人建立友谊的特点后,有研究发现,自闭特质个体及其家人均有冲动、敏感、高自尊、焦虑、孤独等人格特质。并且自闭特质儿童及其父母的共情能力以及情绪识别能力均低于正常家庭。而开放性所特有的品质,例如想象、审美、情感丰富、求异、创造、智能等均为在社会交往过程中所需要的品质。顶上小叶对个体的注意进行分配调节时,将更多的注意信息集中在非社会信息方面,这不利于自闭特质个体开放性的培养,进而会影响大学生自闭特质个体很好地融入社会生活。

第7章
总讨论与总结论

　　本研究从4个研究8个实验来研究大学生自闭特质个体的脑机制及其影响因素。实验1通过采集大样本核磁共振数据,结合大脑灰质体积与灰质密度进行VBM分析,探讨与大学生自闭特质相关的大脑结构基础。实验2通过大样本核磁共振数据结合静息态进行功能连接分析,探讨与大学生自闭特质个体相关的大脑功能连接的基础。实验3采用经典的实验范式,即情绪调节范式探讨大学生自闭特质个体的负性情绪加工的神经基础。实验4探讨采用经典的实验范式即停止信号任务来探讨大学生自闭特质个体执行控制功能的神经基础。实验5采用基于ROI的中介分析方法探讨神经质对大学生自闭特质个体的影响及其神经机制。实验6采用基于ROI的中介分析方法探讨交流恐惧对大学生自闭特质个体的影响及其神经机制。中介分析结果表明,神经质与交流恐惧是自闭特质的风险因素。实验7采用基于ROI的中介分析方法,探讨外倾性对大学生自闭特质个体的影响及其神经机制。实验8采用基于ROI的中介分析方法,探讨开放性对大学生自闭特质个体的影响及其神经机制。中介分析结果表明,外倾性与开放性是自闭特质的保护因素。总的来说,本研究从大脑结构与功能基础两个方面探索了大学生自闭特质个体的脑机制,证明了大学生自闭特质的核心认知障碍为与社交信息有关的情绪识别障碍和与重复性刻板行为有关的反应抑制障碍。同时,对大学生自闭特质个体的影响因素及其神经机制的探讨也说明,能够加重与减轻自闭症状的因素多为指向自身的因素。例如个体自身的人格特点以及交流倾向等。本研究可以为临床ASD研究提供科学建议,在对ASD个体进行诊断时,可以结合其人格特点与交流特点的神经机制,有针对性地对其进行干预与治疗。

7.1 总讨论

7.1.1 大学生自闭特质的大脑结构与功能基础

实验1使用全脑搜索,采用VBM的分析方法结合大样本大脑结构像数据探讨与大学生自闭特质相关的大脑结构基础。结果发现,右侧MFG和MOG的灰质体积呈现增加趋势。左侧PHG的灰质体积呈现减少趋势。现有的研究表明,额叶区域主要负责情绪控制与社会交流等认知功能(Patriquin et al., 2016)。社会交流与互动方面的缺乏正是ASD的核心症状之一,神经心理学以及神经影像学的研究表明,大学生自闭特质个体MFG灰质体积的增加与执行功能缺陷和社会交往障碍有关(Craig et al., 2016)。在该样本中,全部被试均是大学生,也就是说这些被试是经过了高考这一严格的门槛而进入高校进行学习生活的,但自闭特质较高的个体相较于正常群体,虽然智力水平并无差异,承担着相同的学习任务与社会责任,但在社会交往过程中却承受了更多的心理压力。这可能是由于其大脑结构的异常发展改变了个体的社会认知功能、社会交往能力以及社会执行功能(Christ, Kanne & Reiersen, 2010)。大脑MFG的灰质体积的非典型性发展可能反映了大学时期大脑的发展并没有很好地完成"修剪"神经组织的过程,这可能导致不必要的神经组织得到保留,这一过程致使大学生自闭特质个体的大脑结构发展异常。同样的研究中也发现PHG的灰质体积会随着大学生自闭程度的增加而减少。PHG在以往的自闭特质研究中是重复性刻板行为的重要脑区(Hau et al., 2019)。这一脑区还涉及记忆的无意识编码即自传体记忆和社交情绪行为(Puiu et al., 2018)。以往的研究表明,大学生自闭特质个体更容易记住负性信息,但却对负性信息所带来的危险不敏感,不容易识别危险信息,大学时期是情感信息体验的重要时期,学会对情感信息进行适当整合,对大学生自闭特质较高个体的大脑发育是有帮助的(Sebastian, 2015)。神经影像学研究表明,大学生社会认知能力的提高是由大脑相关脑区的持续发展所支撑的。这可能是研究中1中PHG灰质体积下降的主要原因,也可能解释了自闭特质个体的非典型性行为,如社交障碍与重复性行为等。研究1还发现大脑右侧顶上小叶的灰质密度随着大学生自闭程度的增加而减少。顶上小叶在认知控制与细节注意等方面均起着重要的作用(Qiu et al., 2018)。顶叶是额顶网络内的重要脑区之一,在认知控制与决策过程中起着重要的作用(Mundy, 2018)。大学生自闭特质个体的顶上小叶灰质密度的降低可能是由于认知控制能力与决策能力方面的不足造成的(de Wit, 2018)。综上所述,本研究发现,随着大学生自闭程度的不断升高,大脑的额中回灰质体积、顶上小叶灰质密度呈现降低的趋势,海马旁灰质体积呈现增加的趋势。这一结果在一定程度上表明大学生自闭特质个体在社会知觉以及认知控制方面存在着一定的缺陷,使个体在进行社会交往的过程中出现情绪识别困难,在需要认知控制的情境下,可能并不能出色地完成任务。

实验2采用大样本核磁共振静息态数据来探讨大学生自闭特质的大脑功能基础。结果发现,右侧SFG—左侧MCC脑区之间的功能连接增强,右侧SFG—右侧SPL脑区之间的功能连接减弱。右侧SPL—右侧OFC之间的功能连接减弱。右侧IPL—左侧杏仁核之间的功能连接增强。以上功能连接所涉及的脑区大部分与Baron-choen提出的社会脑网络以及执行控制网络(W. Gao & Lin, 2012)中所包含的脑区相吻合(Baron-Cohen et al., 1999)。这一研究结果说明,大学生自闭特质个体的认知功能障碍主要集中于社会认知以及执行控制功能两个方面。以往的研究表明,与对照组相比,ASD个体的社会认知能力以及执行控制能力尤其是社会知觉能力和反应抑制能力是明显缺乏的(Velasquez et al., 2017)。

良好的社会认知能力是个体进行社会交往的基础,社会认知中最基础的是情绪加工,对社会交往过程中关键信息的感知度尤其是负性情绪加工,是良好社会认知能力的基础。而ASD个体则表现出了社会交往障碍(Kaiser et al., 2010)。ASD个体在认知控制方面同样表现出控制缺陷,其在认知控制上出现的损伤绝大多数取决于大脑的功能性激活与连接异常。大学生自闭特质个体在静息状态下的功能连接异常可能揭示了其认知控制的神经发育机制是与常人不同的。认知控制能力中反应抑制能力是核心的认知控制能力之一,是指个体在制止神经、心理或行动的过程中,减少对不必要刺激的反应程度,使个体能够不受干扰地完成目标任务。自闭特质个体的抑制控制能力受损可能是大学生自闭特质个体在注意过程与执行过程之中,其过度专注于某一刺激或进行过度思考。而控制能力异常的神经发育发展导致其无法灵活地转移或关注其他刺激(Zikopoulos & Barbas, 2013)。

7.1.2 大学生自闭特质的负性情绪加工与反应抑制能力的脑机制

实验3使用经典的情绪调节任务范式来探讨大学生自闭特质个体在负性情绪加工过程中的脑机制。结果发现,大学生自闭特质个体在观看负性图片—观看中性图片条件下,大脑右侧的MTG脑区显著激活。这一脑区在社会交往与交流的过程中起着重要的作用。在大量研究中发现,颞叶损伤会造成个体面部辨认失调、注视时间变短以及面部情绪识别出现问题等(Schilbach, 2015)。个体在社会线索的探索与处理过程中,颞上回被认为参与分析他人行为的意图,并且当个体对周围环境较为敏感时,该脑区就会表现出高激活。在另外一项关于社会信号任务的研究中,个体 MTG 脑区神经反应的变化是随着视线的变化而变化的,这意味着个体倾向于在内隐心理推断任务中激活与心理状态推断相关的脑区,说明在社会知觉过程中涉及的视觉社会信号,是高级认知功能发展的基础(Sugiura et al., 2014)。接着在中介分析中我们发现 MTG 在 AQ 总分与负性情绪评价之间起着部分中介的作用,这一结果进一步说明,高自闭特质个体在进行负性图片与中性图片评价的过程中,其差距是在逐渐缩小的。而 gPPI 分析也发现了 MTG 与海马旁之间的功能连接强度增强,海马旁在个体的无意识编码中扮演着重要的角色(Duss et al., 2014)。MTG 与 PHG 之间功能连接增强可能意味着大学生自闭特质个体在经历负面情绪时,由于长期居于较高水平的负性体验,其对危险信息进行的是推断倾向也不是回避危险倾向,即无意识地对负面信息进行自动编码。而从某种程度上来说,差异变小可能是大学生自闭特质个体大脑神经发育机制的特异性造成的。

实验 4 使用经典的任务范式停止信号任务来探讨大学生自闭特质个体的反应抑制能力。在反应抑制任务中,随着 AQ 分数的增高,大学生自闭特质个体表现出 SSRT 延长的趋势。SSRT 这一指标的升高意味着抑制控制能力的减弱(Langen et al., 2012)。groupICA 分析发现,大学生自闭特质个体在进行抑制控制任务时,其脑网络主要集中在凸显网络、背侧注意网络、额顶网络以及言语网络。以这些 ICA 成分作为种子点做全脑的功能连接分析发现:首先,语义网络与小脑蚓之间的功能连接增强,与 ITG 之间的连接减弱。在正常人的研究中我们发现,小脑蚓与眼部的注视时间之间是负相关关系(Laidi et al., 2017)。这一连接在大学生自闭特质个体中的增强趋势表明,个体在进行抑制控制任务时受到的干扰较多,并不能出色地完成任务。第二,语义网络—ITG 的功能连接从以往的研究中可以看出,ITG 是语义功能网络中的重要脑区之一,网络内功能连接降低说明自闭特质个体受到语义网络异常发育的影响,其语义功能与普通人相比是存在差距的(Herringshaw, Ammons, DeRamus, & Kana, 2016)。第三,凸显网络与 SMG 之间的功能连接减弱也说明,自闭特质个体并不是单一功能受损,而是存在共变性。凸显网络负责对接收到的信息进行合理分配,凸显网络内部的功能连接减弱说明其并没有充分发挥合理分配刺激的功能(Winston et al., 2013),以至于自闭特质个体在执行抑制控制任务时,并没有接收到足够的刺激信号。第四,同样背侧注意网络与舌回之间的连接变弱也说明了同样的道理,舌回负责视觉记忆与视觉表征,而背侧注意网络与舌回之间的连接减弱表明,自闭特质个体在进行反应抑制任务的过程中并不能很好集中注意力,造成被试在执行任务的过程中自闭特质越高的个体其 SSRT 越长。第五,额顶网络与中央后回之间的连接增强,右侧额顶网络是主要负责执行控制功能的网络(Duan et al., 2017),而中央后回是感觉运动区的主要脑区之一(Paakki et al., 2010),在一定程度上说明自闭特质个体在执行反应抑制任务时,其受到其他功能区的干扰,并且不能很好地避免这种干扰。同样这些脑区也出现在了 ROI-ROI 的分析中,也从另一个侧面验证了这四个脑区在自闭特质的执行功能中的特异性作用,在一定程度上说明这些脑区在其中起到的生物学标记作用。

7.1.3 大学生自闭特质的风险因素及其神经机制

大学生自闭特质的影响因素中,有一些因素对于自闭特质个体来说是风险因素,这些因素在大学生自闭特质个体中会促使其症状加重或者增加其后天患病的风险,是造成其自闭症状严重转变的间接与内在原因。

实验 5 探讨神经质人格特质对大学生自闭特质个体的影响及其神经机制。从研究结果中我们可以看出,AQ 总分以及各子维度除想象力之外均与神经质得分之间存在显著的相关关系。其中 AQ 总分与神经质得分之间呈显著的正相关关系,即 AQ 得分越高的个体,其神经质得分越高,两者是相互促进的关系。中介分析发现,额中回灰质密度部分中介了神经质与自闭特质之间的关系。这一结果也说明,神经质得分越高的个体,其额中回灰质密度也在上升，也就增加了自闭特质症状的严重程度。以往的研究表明，神经质与ASD之间具有独特的共有影响因素（S. H. Park et al., 2017）。额中回在社会交往互动的过程中起着重要的作用，如果自闭特质个体同时具有高神经质人格特质，那么在某种程度上其患ASD的概率要高于其他人群。这对于大学生自闭特质个体来说是不利于其健康发展的危险因素。

实验6探讨交流恐惧对大学生自闭特质个体的影响及其神经机制。结果发现AQ总分与交流恐惧呈显著的正相关关系。社会交往障碍是大学生自闭特质个体的核心障碍之一（Wombacher et al., 2019）。在交流过程中的恐惧心理是其最直接的反应。了解大学生自闭特质个体在不同场合下的交流状况对于诊断、干预与治疗具有重要的作用（Aloia & Strutzenberg, 2019）。中介分析发现顶上小叶灰质密度在交流恐惧与AQ总分之间存在着部分中介作用。顶上小叶从以往的研究来看，与认知控制、细节注意有关（Qiu et al., 2018）。顶上小叶在正常群体中是在大学时期达到顶峰，随后减慢发展趋势并逐渐趋于平稳，而在实验6的中介模型中，交流恐惧导致顶上小叶灰质密度下降，而随着AQ分数的不断升高，其顶上小叶灰质密度呈现不断增加的趋势。这种由不同的因素导致的不稳定可能会加重自闭特质个体的自闭症状。由此看来，交流恐惧在一定程度上来说会加重自闭特质个体的自闭症状，而SPL脑区的异常发展可能会造成大学生自闭特质个体社交任务转换失败，这是大学生自闭特质个体应引起警觉的风险因素之一。

7.1.4 大学生自闭特质的保护因素及其神经机制

相对于危险因素来说，保护因素可以在一定程度上缓解大学生的自闭症状。这些因素在大学生自闭特质个体中会起到保护的作用，在一定程度上会减轻自闭特质个体的症状表现，能够使其更好地适应社会生活。

研究7与研究8探讨了大五人格中外倾性与开放性人格特质对自闭特质个体的保护性作用。研究发现AQ总分及各子维度均与外倾性得分和开放性得分呈显著的相关关系。其中外倾性得分与AQ总分及子维度社会交往、注意转换、交流、想象力呈显著的负相关关系,与细节注意呈显著的正相关关系;开放性得分与AQ总分及子维度社会交往、注意转换、交流、想象力呈显著负相关关系,与细节注意呈显著的正相关关系。这一结果重复了以往的研究结果(Qiu et al., 2018)。从人格特质的角度来说,外倾性与开放性有其共同的基础特点,即抱有更加开放的态度、更富有创造力,善于交流等。中介分析发现,顶上小叶灰质密度分别中介了外倾性与AQ、开放性与AQ之间的关系。顶上小叶在大脑的认知功能中扮演着重要的角色,多与认知控制、细节注意有关。顶上小叶的部分中介作用在一定程度上说明了外倾性与开放性得分较高的个体其自闭特质程度较低,能够起到保护的作用。大学生自闭特质个体在生活中多注意监测自己的心境、情绪状态,注意培养注意转换能力、情绪调节能力,多参加集体性活动,培养自己的兴趣爱好,增强自身的外倾性与开放性人格特质,从而减轻自闭症状。

总的来说,本研究通过4个研究8个实验来探讨大学生自闭特质的脑机制及其影响因素。研究发现,研究1通过大脑的生态学指标使用常规的大脑结构(灰质体积与灰质密度)指标与静息态指标发现,大学生自闭特质个体的大脑异常结构与功能基础主要集中在社会认知功能与执行控制功能两个方面。大学生自闭特质的神经异常发展脑区主要集中在额叶、顶叶、颞叶、杏仁核等区域。研究2通过经典的实验,即情绪调节实验范式以及停止信号实验范式来探讨大学生自闭特质个体的负性情绪加工能力以及反应抑制能力。激活分析与功能连接的分析说明,大学生自闭特质个体大脑神经机制的异常涉及社会交往、情绪识别以及抑制控制等缺陷认知功能。随着自闭特质症状的不断加深,其大脑在情绪识别与抑制控制两个方面均出现了不同程度的功能连接异常。大脑神经基础的改变,影响了个体的认知功能,进而对大学生自闭特质产生了影响。研究3与研究4探讨大学生自闭特质个体的影响因素及其神经机制,结果发现,神经质人格特质、社交恐惧对自闭特质个体来说是风险因素,兼而有之会导致个体自闭程度的加重,不利于其干预与治疗。而开放性与外倾性人格特质对于大学生自闭特质个体来说是保护性因素,可操作性较强,改善程度的不断提高有利于其干预、治疗,并使其更快地融入社会生活。通过对大学生自闭特质个体的脑机制的探讨,可以发现集中在自闭特质个体身上的两大特点——社会交往障碍与重复性刻板行为均与大脑特定脑区的发育发展有着密切的关系,尤其是与额叶、顶叶的关系尤为密切。额叶与顶叶在认知功能的发育与发展过程中扮演着重要的角色,额叶在社会交往与互动的过程中起着重要的作用,在ASD的研究中与个体计划、灵活性执行功能以及工作记忆的功能异质化都有着重要的联系。而顶叶是与注意相关的重要脑区之一。注意转移与注意保持在执行控制功能中也起着非常重要的作用。对于自闭特质较高的个体来说,除了从传统的诊断与治疗方式中寻求帮助外,还可以使用更加科学、客观的方法来认识自身所存在的优势与劣势,更好地了解自己。同时对于自闭症康复诊疗机构来说,亦提供了很好的借鉴意义。对于临床诊断来说,由于ASD对于核磁机器的配合度较低,对于自闭特质的研究可以为临床诊断提供很好的借鉴意义。

7.2 研究不足与未来展望

首先,实验3与实验4采用经典的实验范式来探讨大学生自闭特质的社会认知能力与执行控制能力。接下来使用改进的研究范式对自闭特质的核心症状进行探讨,即结合情绪与认知控制,例如判断情绪图片的性别并进行效价评价等。

其次,在实验5—8中我们发现,AQ子维度细节注意均表现出与AQ分数的负相关关系。细节注意在大学生自闭特质个体中代表了局部加工表现较好,但中央统合能力较弱的特点。有必要在今后的研究中对这一现象进行深入的探讨。

最后,本研究使用的数据来源均为大学生群体,未来的研究中可以针对不同的群体展开研究,使研究结果具有普适性。

7.3 研究结论

本研究基于大样本的多模态磁共振数据,使用多种大脑指标与研究方法对大学生自闭特质个体的脑机制及其影响因素进行探讨。共有4个研究8个实验,主要有以下四个结论。

第一,大学生自闭特质的大脑结构基础主要集中在社会认知与执行控制功能所包含脑区,包括额叶、颞叶、顶叶、杏仁核、海马等区域,均表现出相应体积或密度的改变,可能与其认知功能的下降有关。

第二,大脑功能连接的分析发现,自闭特质得分越高的个体在特定脑网络之间存在脑功能连接的变化,主要包括凸显网络、背侧注意网络、额顶网络以及言语网络等。

第三,自闭特质个体在负性情绪加工过程中,MTG出现了显著的激活,MTG-PHG之间的功能连接增强,可能反映了大学生自闭特质个体在负性情绪加工过程中可能缺乏回避危险信息的能力,个体难以自发主动地注意并加工社会信息,从而导致其社会认知能力的下降;在进行反应抑制任务时,自闭特质个体表现出言语网络-小脑蚓、额顶网络-中央后回之间的功能连接增强,语义网络-ITG、背侧注意网络-舌回、凸显网络-缘上回之间的功能连接减弱,这些大脑网络之间的功能连接异常发展均在一定程度上说明,大学生自闭特质个体的抑制控制能力尤其是反应抑制能力是相对较弱的,并没有得到很好的发展。

第四,研究3和4发现,神经质与交流恐惧可能是自闭特质的风险因素,它们分别通过大脑的额中回与顶上小叶影响大学生自闭特质的症状程度;同时,研究也发现,开放性和外倾性可能是大学生自闭特质的保护性因素,它们通过大脑的顶上小叶,改善个体的反应抑制能力上的缺陷,对自闭特质个体有一定的保护作用。

参考文献

Adler, N. E., et al. (1994). Socioeconomic status and health: the challenge of the gradient. *American psychologist*, 49(1), 15.

Alaerts, K., et al. (2014). Underconnectivity of the superior temporal sulcus predicts emotion recognition deficits in autism. *Social cognitive and affective neuroscience*, 9(10), 1589-1600.

American Psychiatric Association. (2013). *Diagnostic and statistical manual of mental disorders: DSM-5*. American Psychiatric Association Washington, DC.

Balsters, J. H., et al. (2016). Connectivity-based parcellation increases network detection sensitivity in resting state fMRI: An investigation into the cingulate cortex in autism. *NeuroImage: Clinical*, 11, 494-507.

Baron-Cohen, S., et al. (2006). The autism-spectrum quotient (AQ)—adolescent version. *Journal of Autism and Developmental Disorders*, 36(3), 343.

Baron-Cohen, S., et al. (2001). The "Reading the Mind in the Eyes" Test revised version: a study with normal adults, and adults with Asperger syndrome or high-functioning autism. *The Journal of Child Psychology and Psychiatry and Allied Disciplines*, 42(2), 241-251.

Baron-Cohen, S., et al. (1999). Social intelligence in the normal and autistic brain: an fMRI study. *European Journal of Neuroscience*, 11(6), 1891-1898.

Bearss, K., et al. (2015). Effect of parent training vs parent education on behavioral problems in children with autism spectrum disorder: a randomized clinical trial. *JAMA*, 313(15), 1524-1533.

Benning, S. D., et al. (2016). Late Positive Potential ERP Responses to Social and Nonsocial Stimuli in Youth with Autism Spectrum Disorder. *Journal of Autism and Developmental Disorders*, 46(9), 3068-3077.

Bijsterbosch, J., et al. (2017). *Introduction to resting state fMRI functional connectivity*. Oxford University Press.

Bonhauser, M., et al. (2005). Improving physical fitness and emotional well-being in adolescents of low socioeconomic status in Chile: results of a school-based controlled trial. *Health Promotion International*, *20*(2), 113-122.

Bosl, W. J., et al. (2018). EEG Analytics for Early Detection of Autism Spectrum Disorder: A data-driven approach. *Scientific Reports*, *8*(1), 6828.

Chanel, G., et al. (2016). Classification of autistic individuals and controls using cross-task characterization of fMRI activity. *NeuroImage: Clinical*, *10*, 78-88.

Chmielewski, W. X., & Beste, C. (2015). Action control processes in autism spectrum disorder – Insights from a neurobiological and neuroanatomical perspective. *Progress in Neurobiology*, *124*, 49-83.

Côté, S., et al. (2010). The ability to regulate emotion is associated with greater well-being, income, and socioeconomic status. *Emotion*, *10*(6), 923.

Craig, F., et al. (2016). A review of executive function deficits in autism spectrum disorder and attention-deficit/hyperactivity disorder. *Neuropsychiatric disease and treatment*, *12*, 1191-1202.

de Wit, S. (2018). The Balance Between Goal-Directed and Habitual Action Control in Disorders of Compulsivity. In *Goal-Directed Decision Making* (pp. 331-365). Elsevier Press.

Duan, X., et al. (2017). Resting-state functional under-connectivity within and between large-scale cortical networks across three low-frequency bands in adolescents with autism. *Progress in neuro-psychopharmacology & biological psychiatry*, *79*(Pt B), 434-441.

Fan, L., et al. (2016). The Human Brainnetome Atlas: A New Brain Atlas Based on Connectional Architecture. *Cerebral Cortex*, *26*(8), 3508-3526.

Gao, Y., et al. (2019). The language network in autism: Atypical functional connectivity with default mode and visual regions. *Autism Research*, *12*(9), 1344-1355.

Garbacz, S. A., et al. (2017). Family engagement in education and intervention: Implementation and evaluation to maximize family, school, and student outcomes. *Journal of school psychology*.

Giuliano, A., et al. (2018). The effect of age, sex and clinical features on the volume of Corpus Callosum in pre-schoolers with Autism Spectrum Disorder: a case-control study. *European Journal of Neuroscience*, *47*(6), 568-578.

Green, S. A., et al. (2017). Reduced modulation of thalamocortical connectivity during exposure to sensory stimuli in ASD. *Autism Research*, *10*(5), 801-809.

Harrop, C., et al. (2018). Circumscribed interests and attention in autism: The role of biological sex. *Journal of Autism and Developmental Disorders*, *48*(10), 3449-3459.

Jaeger, A. J., & Eagan Jr, M. K. (2007). Exploring the value of emotional intelligence: A means to improve academic performance. *Journal of Student Affairs Research and Practice*, *44*(3), 512-537.

Jao Keehn, R. J., et al. (2017). Impaired downregulation of visual cortex during auditory processing is associated with autism symptomatology in children and adolescents with autism spectrum disorder. *Autism Research*, *10*(1), 130-143.

Jibeen, T., et al. (2019). Fear of Negative Evaluation and Communication Apprehension: The Moderating Role of Communicative Competence and Extraversion Personality Trait in Pakistani Academia. *Journal of Rational-Emotive and Cognitive-Behavior Therapy*, *37*(2), 185-201.

Koegel, R. L., et al. (1996). Collateral effects of parent training on family interactions. *Journal of Autism and Developmental Disorders*, 26(3), 347-359.

Laidi, C., et al. (2017). Cerebellar anatomical alterations and attention to eyes in autism. *Scientific Reports*, 7(1), 12008.

Lau, W. Y.-P., et al. (2013). Psychometric properties of the Chinese version of the Autism Spectrum Quotient (AQ). *Research in Developmental Disabilities*, 34(1), 294-305.

Lodi-Smith, J., et al. (2018). Meta-analysis of Big Five personality traits in autism spectrum disorder. *Autism*, 23(3), 556-565.

Lung, F.-W., et al. (2018). Advanced Maternal Age and Maternal Education Disparity in Children with Autism Spectrum Disorder. *Maternal and Child Health Journal*, 22(7), 941-949.

McLeod, B. D., et al. (2007). Examining the association between parenting and childhood depression: A meta-analysis. *Clinical psychology review*, 27(8), 986-1003.

Modrono, C., et al. (2019). Developmental grey matter changes in superior parietal cortex accompany improved transitive reasoning [Article]. *Thinking & Reasoning*, 25(2), 151-170.

Muris, P., et al. (2018). Shame on Me! Self-Conscious Emotions and Big Five Personality Traits and Their Relations to Anxiety Disorders Symptoms in Young, Non-Clinical Adolescents. *Child psychiatry and human development*, 49(2), 268-278.

Nevill, R. E., et al. (2018). Meta-analysis of parent-mediated interventions for young children with autism spectrum disorder. *Autism*, 22(2), 84-98.

Pang, Y., et al. (2018). Challenges of case identification and diagnosis of Autism Spectrum Disorders in China: A critical review of procedures, assessment, and diagnostic criteria. *Research in Autism Spectrum Disorders*, *53*, 53-66.

Park, S.-Y., et al. (2014). The effects of maternal grandmothers' positive parenting behavior, mothers' emotion regulation and positive parenting behavior on children's emotion regulation. *Korean Journal of Child Studies*, *35*(2), 117-136.

Park, S. H., et al. (2017). Neuroticism and the Overlap Between Autistic and ADHD Traits: Findings From a Population Sample of Young Adult Australian Twins. *Twin research and human genetics*, *20*(4), 319-329.

Patriquin, M. A., et al. (2016). Neuroanatomical and neurofunctional markers of social cognition in autism spectrum disorder. *Human brain mapping*, *37*(11), 3957-3978.

Preacher, K. J., & Hayes, A. F. (2008). Asymptotic and resampling strategies for assessing and comparing indirect effects in multiple mediator models. *Behavior research methods*, *40*(3), 879-891.

Qiu, L., et al. (2018). The neural system of metacognition accompanying decision-making in the prefrontal cortex. *PLoS biology*, *16*(4), e2004037.

Robinson, E., et al. (2020). Big Five model and trait emotional intelligence in camouflaging behaviours in autism. *Personality and Individual Differences*, *152*, 109565.

Sanders, M. R. (1999). Triple P-Positive Parenting Program: Towards an empirically validated multilevel parenting and family support strategy for the prevention of behavior and emotional problems in children. *Clinical child and family psychology review*, *2*(2), 71-90.

Sato, W., et al. (2017). Reduced Gray Matter Volume in the Social Brain Network in Adults with Autism Spectrum Disorder. *Frontiers in human neuroscience*, *11*, 395.

Schilbach, L. (2015). Eye to eye, face to face and brain to brain: novel approaches to study the behavioral dynamics and neural mechanisms of social interactions. *Current Opinion in Behavioral Sciences*, *3*, 130-135.

Schmeisser, M. J., & Boeckers, T. M. (2017). *Translational Anatomy and Cell Biology of Autism Spectrum Disorder* (Vol. 224). Springer.

Schwartzman, B. C., et al. (2016). Can the five factor model of personality account for the variability of autism symptom expression? Multivariate approaches to behavioral phenotyping in adult autism spectrum disorder. *Journal of Autism and Developmental Disorders*, *46*(1), 253-272.

St Pourcain, B., et al. (2018). ASD and schizophrenia show distinct developmental profiles in common genetic overlap with population-based social communication difficulties. *Molecular Psychiatry*, *23*(2), 263-270.

Stevenson, R. A., et al. (2018). Seeing the Forest and the Trees: Default Local Processing in Individuals with High Autistic Traits Does Not Come at the Expense of Global Attention. *Journal of Autism and Developmental Disorders*, *48*(4), 1382-1396.

Suldo, S. M., et al. (2015). Adolescent life satisfaction and personality characteristics: Investigating relationships using a five factor model. *Journal of Happiness Studies*, *16*(4), 965-983.

Toal, F., et al. (2010). Clinical and anatomical heterogeneity in autistic spectrum disorder: a structural MRI study. *Psychological Medicine*, *40*(7), 1171-1181.

Vartanian, O., et al. (2018). One-way traffic: The inferior frontal gyrus controls brain activation in the middle temporal gyrus and inferior parietal lobule during divergent thinking. *Neuropsychologia*.

Vaux, A. (1988). *Social support: Theory, research, and intervention*. Praeger publishers.

Velasquez, F., et al. (2017). Neural correlates of emotional inhibitory control in autism spectrum disorders. *Research in developmental disabilities*, *64*, 64-77.

Wang, F., et al. (2018). The prevalence of autism spectrum disorders in China: a comprehensive meta-analysis. *International Journal of Biological Sciences*, *14*(7), 717-725.

Zhuang, J., et al. (2018). Prediction of severity and treatment outcome for ASD from fMRI. *PRedictive Intelligence in MEdicine. PRIME (Workshop)*, *11121*, 9-17.

Zikopoulos, B., & Barbas, H. (2013). Altered neural connectivity in excitatory and inhibitory cortical circuits in autism. *Frontiers in human neuroscience*, *7*, 609.